U0139140

從探究到STEM之素養導向教學設計

段曉林　著

五南圖書出版公司 印行

序

　　自從 108 課綱推動以來，教師們常聽到提升學生學習表現、探究教學、跨領域教學、STEM 教學甚或 STEAM 教學。這麼多的名詞常常讓教師們疲於奔命，感覺每一個名詞都是全然獨立需要重新學習。其實上述名詞之間有許多的關聯性，教師在設計教學活動或教案時，只要理解真正的精神並掌握設計的原則，即能設計出好的素養導向教案，與落實素養導向教學。

　　本書的目的是幫助教師能理解，科學教育的目的在培養學生具備未來的科學素養，而經濟合作暨發展組織（Organisation for Economic Co-operation and Development, OECD）對科學素養的定義一直在調整，國內的九年一貫與 108 課綱對於學生科學素養的要求也不斷在更新。在強調素養導向的科學教育目標下，探究與 STEM 教學越來越重要。

　　本書的編排方式是介紹探究與 STEM 課程的發展背景，以及這些歷史背景的演進，如何影響我們的課程如此重視探究教學與 STEM 教學。而探究教學的特質以及教案設計，STEM 教學的特質與教案設計有哪些特色，STEM 教學中能否有探究，探究教案與教學能否轉換為 STEM 教案或教學，這些問題相信都是職前（師資生）、在職科學教師以及師培中心教材教法授課教師所關切的議題。

　　透過數十年進行科學教師專業成長的研究結果，筆者將在本書中具體地說明探究與 STEM 教案的設計以及如何落實在課室教學中。再透過淺顯易懂的撰寫方式，以及提供許多範例的說明，期盼能幫助師資生、在職教師順利的學習探究教學以及 STEM 教學的教案設計與執行，並能在這兩種教學法中順利地轉換，真正達到 108 課綱提升學生的學習表現，以及科學素養的目標。

　　書中所提供的教案，是筆者所主持的科技部計畫，與研究團隊所共同研發的教案。每一份教案均有主要設計者，在筆者的指導下以及研究團

隊的共同討論，編撰而成。在此特別感謝國家科學及技術委員會計畫的資助，以及下列同學的貢獻：【提升國中低成就生科學探究、推理與學習動機之研究：MOST 104-2511-S-018-006-MY3】降落傘教案，由郭彥叡博士主設計。【提升科學教師 STEM 教學知能課程之設計與成效評估：MOST 108-2511-H-018-004-MY3】空拋物教案，由王馨慧同學依據降落傘教案主修改設計。停車場學問大教案，由曾衒銘同學主設計。觀光船教案，由張端耘同學主設計，後由王馨慧同學修改。本書亦感謝彭慧怡與李俊德同學提供 STEM 教案初稿作爲本書的評析範例。

目錄

第一章

緒論

　　二十一世紀是資訊爆炸與科技快速變動的時代，各國的領導者以及學者專家不斷思考未來的公民需要具備哪一些的基本能力，使其能在未來的社會中找到工作，安身立命，也能透過所習得的素養解決生活中所面臨到的問題。因為教育的目標需要由未來的角度思考，檢視當今時代需要裝備學生哪一些的能力。這些思考反應在各國的科學課程目標，也影響科學教師教學重心的轉變，由過去強調科學知識的傳遞，轉變到重視學生思考、探究、問題解決能力的培養。本章將由國際上科學素養的重視與轉變、臺灣科學課程的轉變，以及這些轉變使得探究教學、跨領域探究教學、STEM 教學變得重要，而教師在這種轉變中，要如何提升專業知能及為何需要重視教案設計等議題進行介紹。

未來公民須具備的科學素養

　　當世界各國的課程目標，朝著培養學生，也就是未來的公民，重要的科學素養。所謂的科學素養就是學生能應用出來的能力。經濟合作暨發展組織（OECD）看到此議題的重要性，自 2000 年開始每 3 年舉辦一次「國際學生能力評量計畫」（Programme for International Student Assessment，簡稱 PISA），評量 15 歲學生，閱讀、數學、科學等三個領域的基本素養，以及問卷調查。藉此理解這些未來的公民在面對變動快速之社會是否具備應有的真實生活的素養（real-life literacy）（佘曉清、林煥祥，2017）。

　　OECD 期望參與測驗的各國教育當局則可將施測的結果，檢視自己國家的教育政策或措施是否需要加以調整。例如：德國因為在 2000 年參加 PISA 的測驗結果，驚覺德國受試學生的表現不佳，故開始進行深入的反思與教育改革，之後德國的 PISA 測驗結果成績有所提升。依據 PISA 2000 到 2025，科學素養一直是科學測驗所重視的核心能力，分別在 2006、2015 以及 2025 年成為主測的科目。PISA 2006 認為科學素養

是學生面對與科學有關的問題時，能夠使用科學知識發現問題、解釋現象，得到以證據爲本的科學解釋與結論、形成新知識。學生能重視科學探究、明白生活中被科學與科技影響、參與科學相關議題的決策（佘曉清、林煥祥，2017）。PISA 2015 指出所需具備的科學能力包括：(1) 解釋科學現象：能夠充分地運用科學概念和知識，解釋自然現象；(2) 評估與設計科學探究：能描述、評估科學研究，並提出方法去回答科學問題中所探索的問題，以及評估所使用的方法是否合適，並能自行設計實驗步驟解決問題；(3) 詮釋科學數據及舉證科學證據：能以多樣的表現方式分析及評估科學數據、主張和論點，並做出適當的結論（佘曉清、林煥祥，2017；OECD, 2013）。此外，PISA 2015 年的評量首次採全面電腦化施測，設計測驗單位可透過電腦化的方式提供模擬操作實驗，學生透過數位化的模擬操作，回答 PISA 試題，如此可測出學生如何評估與設計科學探究。最後 PISA 2015 的考題也增加了科學認識論的評量。PISA 2015 的另一創舉是採用電腦化合作問題解決評量（Collaborative Problem Solving, CPS），學生與電腦內所設計的同伴，一起合作解決問題。這種題型主要是測量學生在合作問題解決的三種基本能力：建立並維持共識、採取適當行動來解決問題、建立與維持團體組織（佘曉清、林煥祥，2017；OECD, 2013）。在上述 OECD 所重視的未來公民應具備的科學素養內涵，可發現具備科學知識很重要，因爲學生須使用科學知識解釋現象，除此之外，學生亦須具備探究能力以及論證能力。

　　至於 PISA 2025（臺灣 PISA 國家研究中心，無日期；OECD, 2023）則將科學教育的組成向度包含四大類：科學情境、科學知識、科學能力與科學認同。

1. 科學情境是指與科學和科技相關的個人、地區 / 國家和全球性的議題，且取材與學生生活經驗有關聯，也包含歷史與當前的議題。這些情境的面向與 PISA 2015 相同，且更爲多元與豐富，但是透過科學素養解決情境問題的目標並未改變。

2. 科學知識則包含學科內容知識、程序性知識（科學知識如何被建構

出）、認識論知識（對於爲何要採用特定程序性知識其背後的理論基礎，以及對自身所採用的程序性知識的辯護）。在早期 PISA 2006 測驗重視科學知識，例如：將科學概念知識應在解決問題上，或是遇到一個情境能設計科學探究的方法。自 PISA 2015 開始，除了學科知識、程序性知識外，開始重視認識論知識，到 PISA 2025（臺灣 PISA 國家研究中心，無日期）對科學知識的要求，由早期重視各科學領域的重要知識，進入到對於如何獲得科學知識之程序性知識，以及判斷或是辯護自身程序性知識之理論依據。OECD 所界定的科學素養越來越重視程序性知識以及認識論知識。換句話說，科學素養越來越重視如何獲得科學知識的探究歷程（程序性知識），以及爲何要採用此種探究歷程背後的理由（知識論）。

3. 科學能力：能夠以科學的角度解釋現象；能夠建構和評估科學探究活動設計，並對科學數據和證據進行批判性的詮釋；能夠研究、評估和運用科學資訊以進行決策與行動。此部分的科學能力要求與 PISA 2015 年相仿，只是對於科學探究的歷程中，包含探究的設計、資料與證據、科學資訊的合理性等判斷要求更高。而這種能力的要求非常符合當前生活情境中，如何在複雜的資訊中進行正確的判斷。此外，PISA 2025 在科學能力之下，增加環境科學能力：解釋人類與地球系統的相互作用對環境的影響；藉由評估多元的證據來源以及應用創造性與系統性思維，做出有根據的決策以重建和維護環境；在尋找解決社會生態危機的過程中抱持希望，並展現對多元觀點的尊重（臺灣 PISA 國家研究中心，無日期）。這種在環境議題下的科學能力檢核，顯示 OECD 已將關切全球環境永續問題成爲具備科學素養的公民應有的能力，而科學能力需要在環境的議題下達成。

4. 科學認同：對於科學的意象、能動性（agency）和態度，以及基於對科學與科技的興趣所展現的個人資本（capital）；對於使用科學方法進行探究的評價，以及對於環境議題的感受與覺察（臺灣 PISA 國家研究中心，無日期）。此項科學認同在早期是屬於科學態度，但是在 PISA

2025 則更具體的論述科學認同的定義。爲何科學認同很重要，因爲當
學習者對科學有認同感時，他們會付出該有的行動力與關切。這也解釋
了晚近在科學教育領域的研究，越來越多研究學者探討「認同」對科學
學習與參與的影響。

　　透過 OECD 對科學素養定義的更新，以及研發新的測驗題目可看出，
OECD 越來越重視學生能依據與科學相關的社會或是環境現象，確認可研
究的議題，建立模型，設計探究方式，蒐集與詮釋資料，依據資料所獲得
的證據進行宣稱的論證能力，能判斷生活中科技相關資訊的眞僞、評析探
究方式的合宜性等能力。除此之外，PISA 2025 所強調的科學素養也開始
融入全球性氣候議題，以及融入二十一世紀的技能，成爲學生需要具備的
素養。而這些科學素養所要求的能力均能透過探究教學加以培養，由此可
知探究教學對於學生科學素養養成的重要性。對於 PISA 測驗內容有興趣
的讀者，可參考臺灣 PISA 國家研究中心網站內資料。

108 課綱中的科學學習目標

　　我國於 2003 年所提出的國民中小學九年一貫課程綱要（教育部，
2003）對於「自然與生活科技」學習領域的目標如下：(1) 過程技能；(2)
科學與技術認知；(3) 科學與技術本質；(4) 科技的發展；(5) 科學態度；(6)
思考智能；(7) 科學應用；(8) 設計與製作等八個面向的能力。九年一貫實
施十多年之後，自 2019 年教育部推動 108 課綱（教育部，2018），此課
綱在科學領域的部分，除延續九年一貫課綱所重視的探究精神，以及學生
習得帶著走的能力，還強調要培養終身的學習者。這些學習者透過生活情
境中所產生的議題學習自主行動、溝通互動與社會參與的能力。其中：系
統思考與問題解決、規劃執行與創新應變、符號運用與溝通表達、科技資
訊與媒體素養、人際關係與團隊合作、身心素質與自我精進等能力，亦均
可透過探究教學或是 STEM 教學培養。

108 課綱在科學領域的課程中特別強調學生的學習表現，這些學習表現包含各學科領域的知識、探究能力——思考能力與問題解決，與對科學的態度。除此之外，課綱也強調生活科技領域中的設計與執行能力等等。

108 課綱除了提到探究與實作之外，也非常重視跨領域探究。基本上探究教學要進入到跨領域的探究，取決於議題的選取。探究的本身就是學習者對生活情境感到好奇，想透過探究的歷程了解原先所好奇的事物解答。

早期的科學家在進行探究時，主要的動機在滿足自己對自然世界的好奇心，探究的本身充滿了跨領域的知識與技能。美國在二十世紀初才將科學納入學校教育（謝州恩、劉湘瑤，2013）。在此時期，各個學科領域的知識與探究方法已經蓬勃發展，只是轉換為學校的課程後，就會有結構性的知識、概念及技巧需要強調。除了符合各學科領域知識的結構，也需符合學生的認知發展過程，只是也簡化了科學知識的發展歷程。明白這些背景後，當教師們再思考跨領域或是跨科的探究教學時，可跨越學科課程架構的限制，依據議題的探究軌跡進行跨領域的探究教學與學習。

教師專業成長的新觀點

筆者多年的研究與陪伴科學教師進行教學的轉變，感受到教師們（特別是科學教師）很需要有一些書籍，能將各種教學法以淺顯易懂的方式解釋，讓教師們能夠理解學理背後的意涵。接著讓教師們自己經歷這些新的教學活動，感受這些新的教學法所要教導的學習內涵跟自己以前所學習到的教學法之差異。當教師們感受完這些新的教學活動所帶來的差異後，再讓教師們看到具體的教學範例（例如：教案或是教學影片），才能真正的體會新教學法的完整面貌。只有教師們願意接受此新的教學法，自己試著落實新的教學法，才真正完成新的教學法的學習。

過去的教師研習活動，常常忽略教師在學習教學法的過程中是學習者

的角色。教師們需要親自體驗，需要時間進行概念的轉變，才能真正的學習到新的教學法。

在師資培育或是教師的專業成長研究中，研究者也發現教師的專業成長是持續與複雜的歷程，教師的知識與信念、教師的課室教學、學生的學習表現、外在刺激等，這些因素相互的作用影響教師專業成長的效果（Clark & Hollingsworth, 2002）。透過筆者過去的研究經驗，也發現有效的教師專業成長是需要有支持的夥伴。要改變教師的教學知能，是需要花時間跟教師分享新的教學理論，讓教師透過自己的經驗思考到理論的意義，等候教師的思考改變，之後教師才會改變其教學表現（Clark & Peterson, 1986; Gess-Newsome, et al., 2003）。

我們身處在二十一世紀的環境，由於科技不斷的進步，新的知識與科技產品的產出，會不斷地影響我們的教學環境與教學。許多教師會認為，只要照著課綱或是課本的內容，盡自己的本分認真教學即可，不用費神想太多的事、操太多的心。然而透過筆者長期的觀察，建議教師們需要先了解世界發展的脈動與潮流，對於未來的公民需要哪一些的素養（或是能力）方能在未來的社會中生存。而透過世界潮流的變化，國際上的課程改革的發展方向為何？又為何我們如此重視 PISA 測驗所強調的能力，以及素養導向的 108 課綱？上述的疑問，其實背後都有連動性，當教師們掌握到這些世界潮流的脈動之後，對於未來課程的發展將更能枕戈待旦，掌握大局，朝未來的方向邁進。而不再面對每天要應付的各種要求，疲於奔命。

跨領域的探究教學

劉湘瑤、張俊彥（2018）指出在九年一貫課程即強調跨領域的教學，而此種跨領域的教學也同樣在 108 課綱中強調。而過去所強調的跨領域教學鼓勵用環境議題或是社會議題（科學、科技／技學、社會，即 STS）的

方式進行，因此 108 課綱除了重視探究與實作外，也重視跨領域的探究教學。這種跨領域的探究教學除了是自然領域各學科之間的橫跨之外，也可包含自然領域與其他數學、社會、生活科技、語言等學科領域的連結。晚近，許多教師常常在研討會、研習活動、商業活動中聽到科學、科技、工程、數學（STEM）或是科學、科技、工程、藝術、數學（STEAM），這些名詞也可成為一種跨領域的探究教學，只是在跨領域的教學過程中需要重視探究與 STEM 的本質。

　　由於課綱中對於跨領域探究教學的強調，因此教師們也須重視此議題的重要性，特別是 STEM 教學除了本身是跨領域的教學外，也能成為探究教學。筆者建議一群不同領域的教師可分享自己領域的核心概念、獲得知識的方法，以及所重視的議題與價值。大家彼此相互的了解與認識不同領域學科的特質，也互相的學習探究在各領域的說法，使得不同領域的教師能彼此熟悉對方的用字遣詞，以便進行溝通。

　　接著不同科的教師們可聚在一起進行腦力激盪，互相分享自己在教學時有哪些的主要概念以及有哪些的活動可進行，或是聊聊在生活中、在新聞中有哪一些的議題可加以編寫進行探究課程的設計，這些議題與各科中的哪一些重要概念可連結。透過這種腦力激盪與聯想的方式，進行數次，直到沒有其他的想法可融入為止。接著教師們再運用批判思考能力，將前面的創意點加以整合與精緻化，漸漸的教師們可找出跨領域的探究議題，以及可能使用的科學概念解釋這些探究的問題。最後教師們自己動手進行探究活動，在探究的過程中精緻化跨領域的探究可涵蓋的面向，再編寫教案與學習單。

　　筆者較不建議量身訂做的方式設計跨領域的探究教案，換言之，每一科教師要求要融入哪些特定概念，接著找議題想辦法涵蓋這些概念。這樣的方式在設計跨領域的探究教案時，比較容易卡住，不知如何進行下去。另外要進行跨領域的探究教學，需要教師本身對不同領域的科目感興趣，對生活情境中與科學有關的議題感興趣，如此較能設計出跨領域的探究教學活動。最後，STEM 教學或 STEAM 教學是展現跨領域探究教學最

好的方式，因此在本書後面章節會說明 STEM 教學的設計。

教案撰寫的重要性

　　許多科學教師常覺得寫教案是一件苦差事，與進行教學活動相比，較不重要。其實教案的設計是一種系統化的思考過程，如果教師能將教案撰寫完整，則未來在進行教案或是教學修改時就會有很豐富的資料可依循。再者，教案設計能完整地呈現設計者的思考歷程以及思考的信念，因此筆者非常的鼓勵自然科教師能享受撰寫教案的樂趣，並能多參加教案設計的競賽。當前雖然有 ChatGPT 能幫助教師產出教案或是測驗題目，但是真正能判斷眾多資訊的妥適性，仍取決於教師的判斷力。因此建議教師能自己先撰寫一些探究教案，熟悉探究精神，以及培養自己的系統化思考能力，這是非常必要的步驟。

　　企業界非常的重視企畫書的撰寫，作為下一年公司營運的目標與方向。同樣的，教案撰寫包含長期的教學活動規劃、單元的教學活動規劃，甚或一節課的教學活動規劃，這些都是教案設計的範圍。特別是自 2019 年起 108 課綱推動以來，許多的學校面對彈性課程，或是探究實作課程，均需要教師撰寫一學期的教學活動教案進行審核，這更說明教案設計的重要性。

結語

　　從前述的說明可看出，培養具備科學素養的公民，在國際（OECD）與在臺灣的科學教育目標均為重要的標竿。而透過探究教學以及 STEM 教學能培養學生成為具備科學素養的公民。

　　本書的主要目的是幫助職前與在職教師們能理解晚近科學課程發展

的歷史，形成探究教學、STEM 教學的重要性。因為當教師們了解一些歷史背景後，比較能掌握為何要進行探究教學或是 STEM 教學。這樣我們在接收坊間各種探究教學或是 STEM 教學訊息時，才能進行智慧的判斷。不但如此，當教師們在進行探究或是 STEM 教案設計時，也知道如何地布局，掌握重點，進行規劃設計，以至於能有效地設計出探究教案與 STEM 教案。

第二章

科學課程發展與探究教學的關聯

　　在科學教育領域中每當有新的課程目標產生，就會跟隨著進行教學法的改變。而新的課程目標的改變，其實都有一些時代背景因素促成。教師扮演課程改革成敗的關鍵角色，因此教師們須了解新的科學課程目標、探究教學產生的時代背景，也體認自己的角色是何等的重要，能將新的科學課程目標成功的落實於課室教學中。

美國科學課程的發展史

　　美國的科學課程發展一直是世界各國科學課程發展的標竿，也是臺灣科學課程研發的重要參考。有關探究教學的緣起，最早是美蘇爭奪太空霸權，開始時美國有點落後，造成美國在甘迺迪總統執政時開始發展太空科學，並在具有廣大土地的德州休士頓成立 NASA 中心，大量的培養科學家，也挹注經費進行科學課程的改進。當時的課程專家針對科學家以及如何進行科學研究進行學習與理解，這些課程專家歸納出科學家所進行的科學研究的技巧包含：觀察、預測、測量、控制變因、運用時間空間關係、運用數字、分類、形成假說、推理和傳達、下操作型定義、解釋資料及溝通、執行整體實驗等十三種科學過程技巧（甘漢銕等人，1991）。這些科學過程技巧分段的在科學課程中呈現，並教導科學教師如何教學生這十三種科學過程技巧。在當時的時代，行為主義當道，課程專家或是師資培育學者大多運用行為主義的思維，認為透過動手操作活動，可訓練學生科學過程技巧。

　　上述的十三種科學過程技巧可分開單獨訓練。例如：教師提供一堆不同顏色與大小的釦子，給不同組的學生，讓他們分類這些釦子，即代表訓練學生的分類技巧。學者們認為當學生單獨的學習各種科學過程技巧後，他們即能自動的整合這些技巧並能遷移到下一個實驗的情境。

　　在實驗手冊部分，也依據十三種科學過程技巧進行編撰。教師在實驗室內依據實驗課本的操作步驟，請學生一步一步地按照實驗步驟的指示

進行操作，並回答實驗課本所列出的問題，即達到實驗教學的目的。因為基本實驗技巧學會了，學生便能將這些實驗技巧自動遷移到其他的實驗活動中。

　　這些科學課程強調培養未來的科學家，因此非常重視科學知識的傳授以及精熟十三種科學過程技巧。至於學生能否將所學應用在生活情境中，則不是該時代課程設計的重點。

　　美國科學課程強調十三種科學過程技巧約 30 多年後，美國意識到培養全體公民的重要性，因此課程轉換為重視全民科學素養的 2061 計畫（AAAS, 1989）。此計畫是指當哈雷彗星 2061 年再次造訪地球時，全美公民均具備科學素養，也重視科學、技學、數學內涵的重要性。此時培養學生具備科學素養已經成為美國科學課程的目標，只是美國是聯邦政府，各州各郡的課程要求不一，很難達到一致的標準。一直到 1996 年全美科學教育標準出現時（NRC, 1996），美國聯邦政府對科學教師、科學課程、科學探究等議題分別地給予一定的標準，探究教學才正式的有其定義。

探究教學的意涵

　　有關探究教學在美國國家科學研究委員會（National Research Council, NRC, 1996）所提的定義中指出：「探究是一種具多面向的活動，包含進行現象觀察與界定問題，驗證書本以及其他的資訊來源，了解已知的知識，計畫如何進行探索活動，重複確認證據的可靠性，使用工具進行蒐集與分析，以及進行發現的詮釋，並提出研究結果。」（p.23）在此定義中可看出探究教學涵蓋面非常的寬廣與多元，教師需要營造情境讓學生透過觀察環境的事物進行探究歷程。探究歷程的內涵廣泛遠超過實驗室的操作，包含界定問題，計畫探究過程，使用工具蒐集資料，進行發現的詮釋並提出結果。而在此探究的歷程中學習者主動地建構知識，確認已知的知識（來自課本或是其他管道），或是重複確認過去所學到知識的可

靠性。

在此定義之前，探究教學常常會與實驗室教學，或者與動手做的教學混搭使用。造成許多的教師認爲探究教學就是實驗教學，或是探究教學就是動手做教學。

美國國家科學教育標準（NRC, 1996）分別對一到四年級、五到八年級、九到十二年級的科學探究以及探究的意義進行說明，至此科學探究的內涵特質才正式的確認，並讓各級科學教師有依循的方向。舉例而言，在美國國家科學教育標準中註明五到八年級對科學如同探究的標準（science as inquiry）以及理解科學探究的意義（understanding about scientific inquiry）有如下的定義：

1. 科學如同探究的標準：
   - 在五到八年級學生應發展進行科學探究的能力。
   - 有能力找出探究的問題。
   - 設計與執行科學的探究活動。
   - 能用合宜的工具與技術來蒐集分析以及詮釋資料。
   - 使用所蒐集到的證據來描述、解釋、預測和建立模型。
   - 利用邏輯思考與批判思考將證據與解釋連結。

2. 理解科學探究的意義：
   - 不同的問題應採用不同的探究方式。
   - 現今的科學知識與理解主導科學探究的方向。
   - 數學在科學探究過程中扮演重要角色。
   - 在探究上使用科技有助於科學探究的精確度。
   - 科學的解釋強調證據有邏輯一致的論點，利用科學原理、模型和解釋。
   - 科學的進步取決於合理的懷疑。
   - 科學探究所產生的技術、知識與想法有助於新的探究的發生。

筆者透過長期的執行探究教學，認爲可依據下列的指標定義探究教學：

- 透過生活情境形成探究問題。
- 依據探究問題形成假設。
- 找出操縱變因、應變變因、控制變因。
- 設計欲進行的研究（實驗）。
- 執行研究（實驗）。
- 蒐集與分析實驗資料。
- 依據分析得到的資料進行科學解釋。
- 溝通分享研究（實驗）成果。

在此定義中可看出，探究教學是在生活情境中找出可探究的議題，透過一系列的方法蒐集與分析資料，找出探究議題的解答。而學生在這樣的探究歷程中，享受獲得知識的擁有權，因為學生自己主動發現問題，設計探究步驟，找出解答進而建構有意義的知識。當學生發現自己具備了透過探究過程，能建構有意義的知識之能力後，他們未來即能透過科學素養解決生活中的問題。這種重視學習者在生活情境中找尋可探究的議題，設計一系列探究的歷程，與 OECD 對未來公民具備科學素養的要求非常契合。

探究教學的情境可來自生活、歷史事件、數據庫的資料等等，可以是實際的操作，或是線上的操作。學習者透過議題的設定，蒐集與分析資料，進而建立研究發現的宣稱來支持或是拒絕自己的假設。這一系列過程所需的能力及科學素養，也是 OECD 所重視的能力。

各種開放程度的探究教學

探究教學有各種的形式與名稱，在許多的文獻中均有提及。本節主要是指出探究教學的開放程度，可由在下列的探究歷程中，主題、問題、實驗材料、實驗設計／實驗流程、實驗結果／實驗分析、結論等項目是由學生或是教師主導，形成不同開放程度的探究活動。

以下列出不同開放程度的探究活動（Bonnstetter, 1998）：

	傳統動手 做活動	結構式 科學經驗	引導式 探究	學生主導 的探究	學生的 研究
主題	師	師	師	師	師／生
問題	師	師	師	師／生	生
實驗材料	師	師	師	生	生
實驗設計／實驗流程	師	師	師／生	生	生
實驗結果／實驗分析	師	師／生	生	生	生
結論	師	生	生	生	生

　　在傳統動手做活動，每一個步驟都是學生依據教師的指令進行活動。在結構式科學經驗，教師提供主題、問題、實驗材料以及實驗步驟，學生僅需進行實驗寫出實驗結果與分析（過程中教師仍會督促），最後進行實驗結論，類似傳統的實驗教學。引導式探究，是臺灣的教師喜歡採用的探究教學方式，主要是教師提供學生探究的主題與問題的方向，教師準備實驗器材，接著學生在教師的引導下進行探究設計以及實驗流程，實驗數據分析到研究結果的產生則由學生主導。學生主導的探究則是教師提供主題，師生一起設定實驗的問題，之後實驗材料、實驗設計、實驗流程、實驗結果／分析，到結論都由學生主導。最後是學生的研究，則是教師僅在主題的設定上與學生討論，其他實驗步驟全部由學生主導，類似科展活動。

　　當教師們體認到探究歷程或是實驗歷程分許多的步驟，每一步驟中教師是主導者或是學生是主導者，就能分辨自己的探究教學或是觀看影片中教師所呈現的探究教學是屬於哪一種開放層級的探究教學。基本上越開放的探究教學，學生能操練的思考能力與探究能力越多。

科學本質與探究教學

　　當教師們想要更理解為什麼 108 課綱要推動探究教學時，不妨花一些時間理解我們所教授的科學科目其本質為何。

　　科學家的主要任務是不斷的進行新的研究，對大自然的奧祕提出解釋，滿足人類的好奇心。但是有一批科學教育學者從科學哲學、科學史、心理學與社會學的角度探討科學的本質與意義。至於科學教師的角色與任務，不是研發新的科學知識，而是傳遞科學知識、態度與價值觀給學生。因此教師們需要理解自己在中小學階段所教授的科學科目其本質為何，使得我們在傳播科學的同時，能培養學生理解科學的本質、態度與價值觀，並幫助學生運用這些所習得的科學本質判斷日後科學相關訊息對自己與社會的影響。

　　美國 2061 計畫（翁秀玉、段曉林，1997；AAAS, 1989）即對中小學科學課程中科學的本質有所定義，科學本質包含了：科學的世界觀、科學探究、科學的企業三個面向。

　　第一個科學本質是科學的世界觀面向，是指科學領域的學者專家從哪一種思考方式與態度看待世界，這包含：科學家認為自然界是可被理解的，透過系統化的觀察，可了解世界上許多現象的固定類型；科學是產出知識的過程，因此科學知識是可被調整的，當科學家透過嚴謹的觀察所發現的現象與既有的理論或知識不同時，既有的理論與知識會被調整；科學的知識雖然會改變但仍會持續一段時間；科學不能提供世界上所有問題的完整解釋，世界上仍有許多的現象並未被理解，同樣的對於目前已有問題的解釋方式也可能被日後的證據所改變。

　　第二個科學本質的面向是科學探究，這是說明科學家透過哪一些的方法來理解世界，並建構出理解世界的科學知識或原理。科學探究的形式依據問題的性質可包含敘述性研究、相關性研究與試驗性研究（劉湘瑤，2024）。敘述性的研究重視研究者對探究現象的描述與說明；相關性的

研究重視研究者描述探究現象中變因之間的關聯性；試驗性研究在確認變因之間是否有因果的關係（Lederman, 1999）。

　　科學探究包含：證據對科學而言是重要的，科學家需要蒐集嚴謹、客觀的證據來進行論述。科學是融合邏輯與想像，雖然科學家主要是透過嚴謹的邏輯推論方式進行研究，但是仍需要透過想像力設計活動，蒐集資料或是解釋證據。科學知識除了能說明自然界的現象也具有預測的功能，因為科學的本質是發現許多現象之間的關聯性，除了過去的現象之外，也期盼透過未來的現象來確認既有的理論。科學家試著確認偏見以及避免偏見，科學家的任務是透過客觀的方式建構嚴謹的科學知識，因此對於科學探究的過程中不論是研究者本身、研究的取樣、資料蒐集方法、解釋的方式等等可能造成的偏見都加以檢核以降低偏見與誤差。科學不是專制的，雖然科學家用嚴謹的方式找出證據解釋科學現象，常態科學會影響科學的研究方向，但是當許多新的證據出現時仍會產生科學的革命。

　　第三個科學本質面向是科學企業。此面向包含：科學企業是由個人、社會和機構所組成；許多的人參與科學的活動以及其應用。在此向度中包含科學是一個複雜的社會活動。科學企業是由不同領域的人參與其中，科學企業反應了社會的價值和觀點；科學研究會受到當地的文化價值所影響；科學在許多的情境當中進行著。科學是由各種不同的學科領域所組成，並在各種機構中執行，例如：大學、工業界、政府等。科學研究的進行必須遵守社會倫理的規範，因此科學研究不會進行違反社會道德、離經叛道的研究。科學家參與公共事務時是同時扮演專家以及公民的角色，科學家利用科學思考的特性用來解決公民事務。上述的重點，強調科學的研究其實與社會息息相關，當代的與區域性的價值觀會影響科學的研究。科學的研究結果，可貢獻社會，而科學的企業是由許多的人所共同參與，不是只有科學家而已。這樣學生在學習科學時，能知道科學與未來的就業是有關聯的。而科學企業是需要許多人員的參與，不是只有科學家而已。

　　2061 計畫對於科學本質的論述，提醒教師們在教導科學課程時，不是只教科學的知識、理論，而是要教導學生科學家如何看世界、科學家獲

得科學知識的方法（科學探究），以及科學與每一個人都有密切的關聯，甚至學生的未來工作與科學企業都有關係。

由於 OECD 對於科學本質越加重視，科學本質已是世界各國科學課程的重要內容之一（McComas & Olsen, 1998）。在此列出 Lederman 等人（2002）所歸納幼兒園到十二年級均可涵蓋的科學本質內涵：(1) 科學重視經驗性；(2) 科學知識有持續性與暫時性的特色；(3) 科學的觀察與研究是理論負載的；(4) 科學包含想像力與創造力；(5) 科學與社會息息相關；(6) 觀察與推論的差異；(7) 科學理論與科學定律的關係。這些科學本質的展現可透過內隱策略：教師在進行科學過程技能的教學、科學內容知識的傳授、動手操作或是探究活動中即自然呈現。第二種是歷史取向的策略，透過科學史的教導即可習得。第三種是明示反思策略，融入反思在科學探究或是歷史素材中（劉湘瑤，2024）。

108 課綱與科學探究教學的關聯

在 108 課綱中（教育部，2018）主要強調學生能在生活情境中，透過自主行動、社會參與、溝通互動的學習方式培育學生成為終身學習者。而學生為了培養成終身學習者，需要具備系統思考與解決問題、規劃執行與創新應變、符號運用與溝通表達、科技資訊與媒體素養、道德實踐與公民意識、人際關係與團隊合作、多元文化與國際理解、身心素質與自我精進等面向的素養。到底探究教學能否達成上述的目標呢？還是每一個目標都要用不同的教學方式達成？我們回顧歷史，其實科學探究在課程的發展史上已經 50 多年，在臺灣的課綱中不論九年一貫課程或是 108 課綱都提到探究教學。再加上每一位學習者從小到大都是天生的探索者，所以採用探究教學方式進行教學是一種不會改變的教學趨勢，因此學會探究教學是非常有價值的事。

為什麼探究教學與成為終身學習者有關呢？因為在進行探究教學的過

程，教師由知識的主導者漸漸的退居爲輔導者，幫助學習者主動地發現生活情境的問題，主動地設計探究的方式，主動地蒐集資料與分析資料，建構他們認爲有意義的知識，最後將自己的探究成果透過系統化的方式進行口語表達與書面表達。當學生從小就學會主動建構有意義知識的能力與態度（這就是自主學習），即使他們畢業了仍能依據探究的方法進行生活事物的判斷與抉擇，這種探究的態度、方法與習慣對學習者的一生都有幫助。

　　其次是自主行動，108 課綱希望培養學生具備自主行動的能力。而探究教學的本質就是營造探究的情境，讓學生自由的、主動的發現可探究的議題，以及主動設計探究活動，主動蒐集資料與分析資料的能力，最後進行溝通分享。這些就是探究教學所重視的自主行動。另外在探究活動的進行中，其實學生需要不斷透過資料的蒐集以及探究的過程中，修正其所設立的探究目標，修正其探究的策略與資料蒐集的方法，或是詮釋資料的角度。這種教學方式對於學生的自主學習、自我調節學習都能達到提升的效果。因此探究教學與自主行動息息相關。

　　探究教學與社會的參與、生活情境，其實是息息相關，在前面的科學企業中可看出關聯性。此外，學生在生活情境中找出可以探究的議題，進行相關的探究並獲得結果，此結果也可幫助社區的民眾改善生活品質，對於社會的參與是有貢獻的，這也是 PISA 2025 科學素養中欲達成的目標。

　　筆者曾參加歐洲青少年科展，在展覽前，歐盟的專利局就跟參賽學生說明其探究成果要如何地申請專利，使得他們的智慧財產權能有所保障。筆者記得在參賽的作品中有一組學生的作品是帆船舵的設計，這些歐洲學生在週末常去海邊駕帆船，他們發覺帆船舵需要加以改善並進行探究，因此將此題目當作科展題目，使得研究成果能讓他們日後在操作帆船時，能順利地操作舵並讓船隻順利靠著風力前進。這些參與科展的學生將生活中所發現的議題進行探究與改良後，能提升大眾的生活品質。在展覽期間，看到有許多的商人來參觀每一個展示的科展作品，當他們看到科展作品有商機時，會與參賽學生聯絡，進行後續的商業合作事宜。

在 108 課綱中，除了強調探究與實作之外，也強調跨領域學習或是教學。為何探究教學會牽涉到跨領域的學習？因為在 108 課綱所設計的彈性課程，以及高中的探究實作課程，目的都是要幫助學生理解，生活中所遇到的議題都是跨領域的議題。透過探究活動，學生在解答生活議題中需涉獵各領域的知識，並將這些知識融合，以便解決他們所探究的議題。所以各學科領域的教師，需要一起合作達成跨領域學習的目標。當然教師們不是為了跨領域而合作，而是透過探究議題的發展，自然的將各學科領域的教師連結在一起。而教師們需要秉持具備好奇心的探究學習者的精神，開發出可探究的議題。

108 課綱學習表現與探究教學

108 課綱在科學課程領域最重要的是學生的學習表現，而學習表現又與探究教學有什麼關係，以下將一一的說明。

在科學課程領域中最重要的是達成學習表現，而學習表現包含科學知識、探究能力、科學的態度與本質。本書在此僅討論探究能力與科學態度與本質。在學生的探究能力部分又分為兩類，一類是思考能力，另一類是問題解決能力。思考能力是內隱的，問題解決能力是外顯的。基本上探究能力是依據學生進行科學探究活動後，所能獲得的能力。以下我們再進一步的說明這些能力與探究教學的關聯。本節所使用的英文縮寫是依據 108 年課綱學習表現架構表所使用的縮寫符號（參見下表）。

項目		子項	第 1 碼
探究能力	思考智能 thinking ability (t)	想像創造 imagination and creativity (i)	ti
		推理論證 reasoning and argumentation (r)	tr
		批判思辨 critical thinking (c)	tc
		建立模型 modeling (m)	tm

項目		子項	第 1 碼
問題解決 **problem solving** （**p**）		觀察與定題 observing and identifying（**o**）	**po**
		計畫與執行 planning and executing（**e**）	**pe**
		分析與發現 analyzing and finding（**a**）	**pa**
		討論與傳達 discussing and communicating（**c**）	**pc**
科學的態度與本質 attitude toward science and nature of science （**a**）		培養科學探究的興趣 interest in science（**i**）	**ai**
		養成應用科學思考與探究的習慣 **habit** of scientific thinking and inquiry（**h**）	**ah**
		認識科學本質 nature of science（**n**）	**an**

探究能力

1. 思考智能（t）

　　想像與創造（ti）：學生的想像力與創造力，這兩種能力都是未來職場上很重要的能力（Bayer Coporation, 2014）。因爲未來的世界有許多現有的工作將會消失，因此學生需要具備創造力與想像力以預備未來工作的需要。雖然過去也有許多學者採用創造力教學法幫助學生提升想像力與創造力（陳龍安，2006；蕭佳純，2019），其實使用探究教學也可提升學生的想像力與創造力。Hu 與 Adey（2002）指出科學的研究需要有科學創造力，此種創造力能對現有的科學知識與技術進行超越，產生新的理解；或是在解決問題時，找出需要改進之處，想像各種的解決方案，並對已知的知識與技能進行新的組合（引自王翠妃，2008）。當學生發覺到生活中可探究的議題，在設計探究活動、資料蒐集以及分析的階段，例如：如何設計探究活動研究螞蟻的習性，或蟑螂的行爲等等，是需要想像力與創造力的。在本章節前面所介紹的科學本質中可看到，想像力與創造力是從事科學所需要擁有的能力。而透過實施科學探究教學，自然而然就可提升學生這方面的能力，而不需要單獨的針對這兩種能力採用特定的教學法進

行培育。

推理論證（tr）：推理的培養在十三種科學過程技巧中有提及，「推理是觀察的結果或是根據觀察的結果所做的構想」（甘漢鋃等人，1991，頁 335）。例如：看到樹上嫩芽長出，推理春天來了。大部分的推理能力都聚焦在邏輯假說－演繹和歸因成果的推理能力上，這些能力就運用在探究的每一個過程中，此外透過科學推理，可幫助學生將所擁有的知識進行有效率的思考（王翠妃，2008）。在 PISA 試題中也常需要運用學生的推理能力，例如：看到一些的圖表或數據，能推理出數據所要呈現的意義，或是透過一些資訊能推理判斷資訊的真偽等。

論證（argumentation）的重點是，能否對所觀察到的議題提出宣稱，並依據學習者的研究結果作為重要的支持證據。在科學教育領域常使用Toulmin（1985）的論證模式，當學習者蒐集到資料進行宣稱（或是提出研究發現）時，必須要有依據、支持、合格與反駁的說明（引自靳知勤等人，2010）。當其他人員提出反證進行質疑時，學習者必須要能提供更多的佐證支持自己的宣稱或是依據反證修改自己的宣稱。其主要目的是幫助學習者在進行探究的歷程或是針對資料所做的主張，都是嚴謹且有根據的。例如：PISA 的測驗題中，提出兩張圖表時，學習者須對這兩張圖表提出自己的宣稱，並用圖表所提供的證據支持自己的宣稱。推理與論證是 PISA 素養試題中常常測試的能力。其實科學家在提出自己的見解或是看法時需要有客觀的資料加以支持。論證教學在科學教育研究領域進行了 20 多年，一般常用的方法是 Toulmin 的論證三模式（靳知勤等人，2010），透過讀寫，或是社會性科學議題進行論證的教學。透過論證的訓練，學生要蒐集正確的資料以便進行宣稱，蒐集足夠的客觀證據提出自己對假設的宣稱，也透過論證歷程，學生學習如何透過證據回應其他小組成員的批評與質疑。這種推理與論證也達到科學本質的目的：科學社群透過辯證的歷程將科學知識合法化。

批判思辨（tc）：在進行科學探究的過程中，學生需要操練批判與思辨的能力，運用所學到的科學知識，隨時確認與質疑自己所蒐集到的資

料正確性與合理性，也針對其他組同學報告結果的過程中運用批判思辨能力提出質疑，思考與辯證各組宣稱或發現的正確性與合理性。Hogan 與Fisherkeller（1999）指出批判思考是以客觀的證據檢視研究資料，並能依據科學的、學術的標準來檢核事件或是論述，進而提出結論的能力。透過批判思辨能提升自己小組的探究品質，也能幫助其他小組成員提升其研究的內容。在 PISA 2015、PISA 2025 的測驗中也需要學生運用大量的批判思辨能力判斷所提供資訊的真偽，評估所採用探究方法的優缺點等能力。

　　建立模型（ t m ）：建模的中文代表兩個意思，建模的過程（modeling）與模型（model）。邱美虹與劉俊庚（2008）指出學習者透過建模以及模型的使用，能幫助學生建構有意義的知識與理解。在科學學習中使用模型的目的是表徵（展現）一個可能已知或未知的目標；表徵一個目標物，用來協助學習者概念化的過程；模型的使用能幫助學習者，討論目標物的結構和性質所需用的語彙；模型是能被檢驗，並且根據檢驗再進行調整。基本上模型的種類很多，在科學學習的過程中較常使用的模型種類如尺度模型、圖像和符號模型、數學模型、理論模型、地圖、圖表和表格、概念－過程模型等（邱美虹、劉俊庚，2008）。模型或是建模的主要意義是透過學習者所蒐集到的所有資料來源，學習者將這些資訊來源表徵出來建立模型，接著使用此模型解釋目標。換言之，學習者透過觀察後決定要探究的議題以及相關的資訊，並建模出整個活動的方向與目標，此模型幫助學生在進行探究活動時由開始到最後，能有一套的思維模型引導學生進行探究。學生也透過建模的過程以及所建立的模型，幫助他們跟其他的小組成員進行溝通互動。模型能幫助學習者解釋他們所蒐集到的所有資料，但是如果資料的蒐集不符合當初所建構的模型，則此模型需要加以調整修改。而在探究過程中模型可以是宣稱、公式、具體的實務模型，以及電腦動畫模型等等。

　　建模的能力在 PISA 的科學素養中扮演越來越重要的角色。特別在PISA 2025 的測驗中，學生需要使用建模來解釋其所觀察到的現象，並利用所建立的模型來預測後續的現象。當預測失敗時，學習者需要知道如何

調整其模型。而這種建模能力確實可在許多的科目，也可在數位的探究環境中加以培養。

2. 問題解決（p）

108 課綱（教育部，2018）將探究過程中，外顯的動手操作部分定義為問題解決的歷程。以下分別說明。

觀察與定題（po）：教師在探究過程中，需要營造一個生活情境或大自然的情境讓學生進行觀察，在觀察的過程中，學生要確認需要探究的議題，稱之為定題。探究議題須建立假設，也須確認操縱變因、應變變因與控制變因。這些變項的確認能幫助學習者在複雜的情境中，找出關鍵的因素，對其思辨能力的訓練極其重要。但是如果教師忽略此步驟，不常常讓學生練習此種思考能力，其實很快的學生就不會再運用。當日後有需要時，仍須再一次培養。透過筆者的觀察，許多學生在找出操縱變因、應變變因與控制變因上不大熟練，需要教師教導。當分辨各種變因能夠熟練後，後續的探究歷程比較容易進行。

計畫與執行（pe）：當各組學生確認好欲探究的議題後，他們需要規劃設計整個探究的流程，並能透過計畫流程步驟，蒐集必要的資料。而這些資料的蒐集不是只有一次，需要反覆地進行多次的資料蒐集動作。此步驟可培養學生的創造力與規劃設計的能力。而在 PISA 2015、PISA 2025 的科學素養測驗也需要學生展示其探究設計的能力，在 PISA 2025 更需要學生判斷各種探究設計的優缺點。因此，此步驟是科學素養中重要的知能。

分析與發現（pa）：在探究教學中，當小組的學生蒐集到許多的資料後，需要設計合宜的表格，將蒐集到的資料數據填寫在表格中。接著透過各種分析的方式，例如：簡單的統計運算（平均值、標準誤），或是繪製圖表，將資料轉化為研究發現。因為資料是原始的，發現是經過資料分析後的成果。如果教師沒有提供學生足夠的時間與機會蒐集足夠的資料，其實資料並不容易轉化為發現，也失去了學生建構知識的樂趣。這也

解釋了當教師不提供學生自主的機會蒐集資料，不提供足夠的時間分析資料找出自己小組的研究發現，其實無法讓學生在此面向上得到該有的學習。這也說明當教師介入太多學生的探究過程時，學生無法獲得分析與發現的能力。

晚近有許多教師採用數位的方式進行探究活動，讓學生操作並創造出資料，或是在資料庫上找出許多的數據資料（例如：氣候變遷、人口的變化、潮汐變化的資料等等），這時候學習者需要練習的是分析資料，並將資料轉換為發現。

在 PISA 2015 之後的試題均由電腦的操作產出資料，或是列出數據圖表，受測者透過資料轉為證據進行判斷。因此資料分析與發現是科學素養很重視的能力。

討論與傳達（pc）：在探究教學的後期階段，學生們需要在小組討論各組所發現的探究結果，是否能回應前面的探究假設。學生在自己組內需要跟其他同學分享自己的想法，透過論證的溝通協商過程達成小組的共識。之後在全班討論的過程，也需要將自己小組探究的歷程，包含：探究議題、假設、探究設計、資料蒐集與分析、結果與結論等項目進行口頭報告與書面資料的呈現。這些口頭與書面的溝通過程均能訓練學生討論與傳達的能力，這也是科展常常要求參賽者撰寫的項目。

科學的態度與本質（a）

由於大多數的學生在國小與國中學習自然科學後，不見得都會進入科學領域繼續研讀。但是當學生長期體驗科學探究後，可慢慢的養成科學的態度以及了解科學的本質。這些科學的態度與對科學本質的認識，有助於學生日後成為公民，仍願意對個人生活、社會地區、全球性的科學相關議題進行參與，進而成為具備科學素養的公民。

培養科學探究的興趣（ai）：透過長期經歷科學探究活動，學生對於科學探究不但不排斥，且產生濃厚的興趣。面對隨時在生活中出現的問

題，利用探究方式進行解決。

養成應用科學思考與探究的習慣（ah）：當學習者學會科學探究中思考的習慣以及解決問題的步驟與方法，又經常的使用這些能力在日常生活中，漸漸的，學生會養成應用科學思考與探究的習慣。他們不會輕易相信所接受到的信息，而是能利用科學思辨能力進行查考與判斷，而這種思考與習慣的養成就是具備了科學素養。

認識科學本質（n）：有關科學本質的論述請參見本章之「科學本質與探究教學」。基本上科學的本質非常的豐富，並不是只有科學的知識，還牽涉到科學家如何看待與思考世界、科學家如何進行研究，以及科學的企業。當學生理解科學本質的豐富面貌，即使他們日後不進入科學領域專研，也會對科學的領域有基本的認識與理解，這對於學生成為具備科學素養的公民是很重要的基礎。劉湘瑤（2024）指出，由於 OECD 越來越重視科學認識論，科學本質中知識論的特質也越發重要。在 108 課綱中已具體的列出科學本質的重點。

結語

本章的內容主要介紹美國以及臺灣的科學課程發展中，科學探究一直存在，只是重點隨時代改變而有轉化。因此教師須掌握探究教學的精神與內涵，也須明瞭探究教學與科學本質的關聯性。教師透過 108 課綱所強調的探究教學來培養學生的各種探究能力（思考能力、問題解決能力）以及科學的態度與本質，最後透過教師持續落實探究教學，即能培養學生達成 OECD 所強調的科學素養。

第三章

探究教學的特色

在筆者輔導職前與在職科學教師們進行探究教學的經驗中，教師們常有一些迷思觀念：只要進行動手做活動就是進行探究教學；進行分組合作就是進行探究教學；進行科學閱讀或是科學論證就是進行探究教學；一定要具備豐沛的學科知識才能進行探究教學等想法，其實這些都不是探究教學的特色。本章的主要目的就是在說明探究教學的特色，澄清教師對探究教學的迷思，也讓教師能在眾多的探究教學法中，掌握探究教學的特色，裝備自己具備探究教學的知能。

探究教學的定義

首先我們先來定義何謂探究教學，在前一章已經提到 NRC（1996）的定義：「探究是一種具多面向的活動，包含進行現象觀察與界定問題，驗證書本以及其他的資訊來源、了解已知的知識，計畫如何進行探索活動，重複確認證據的可靠性，使用工具進行蒐集與分析，以及進行發現的詮釋，並提出研究結果。」（p.23）因此教師可在生活情境中找尋可能的探究題材，訓練學生確認探究的焦點，接著建立假設，確認操作變因、應變變因以及控制變因。操作變因是研究者能操作的變因；應變變因是因著操作變因的改變而跟著改變的變因；控制變因則是研究者控制所有可能會干擾研究結果的變因。

舉個例子：葡萄乾在汽水溶液中進行沉與浮的現象。學生看到此現象後，建立一個假設：氣泡對於葡萄乾沉浮是有影響的。為了確認假設是否成立，學生進行探究活動，首先利用兩個 100 毫升的透明杯，一杯裝 90 毫升室溫的水，一杯裝 90 毫升室溫雪碧。接著兩個透明杯分別放置一樣大小的葡萄乾兩顆，同時將葡萄乾放入兩杯溶液中，接著計算兩杯溶液中，葡萄乾的沉與浮的次數以及最後不再移動的時間。觀察過後，學生可再重複地進行此探究，如此二、三次後，蒐集到的資料就能證明假設是否成立或是被拒絕。在此探究活動中，相同的 100 毫升透明杯，相同溫度的

兩種液體，相同大小葡萄乾，相同體積的水與雪碧，這些都是被研究者控制的，稱為控制變因。而雪碧與水是操作變因，葡萄乾沉與浮的次數則是應變變因。透過簡易的器材，即能訓練學生探究能力。基本上學生在日常生活中不常運用確認變因的思考，因此需要教師在教學中多讓學生練習探究的思考，幫助學生熟悉各種變因，以及變因之間的關聯性。學生也需要練習探究設計的能力，能順利的蒐集資料確認假設是否正確。

探究教學的情境是無處不在的，由大自然、生活情境到實驗室。因此實驗室亦可進行探究教學，其實科學家在實驗室中一直進行探究活動。為何傳統的實驗教學不見得能達到探究的要求？主要的原因在於許多教師進行實驗教學時，教導學生的重點是依照課本的實驗步驟按部就班的進行實驗，而實驗的結果是驗證課本的科學知識或是理論。在這種實驗教學的過程中，學生學習到實驗的操作技巧、資料蒐集與分析的能力，以及看懂實驗步驟與指令的能力。這些能力雖然重要，卻無法全然達到 108 課綱中所要求的探究能力以及科學的態度與本質。因此教師如果要採用課本的實驗活動進行探究教學，仍需要讓學生體驗探究的歷程，方能展現探究教學的特色。

有些教師非常喜歡進行課本實驗活動，也想知道這樣是否能培養學生的探究能力或是 PISA 試題所強調的科學素養。

其實課本的實驗活動都是寫書的教師們精心設計的活動，以便驗證課本的內容。只是在呈現實驗上都是引導學生每一個步驟要如何地執行，以至於忽略了讓學生自己想想、自己設計、自己規劃探究步驟的能力。以下我們舉一個實驗活動，將其轉化為探究教學的範例，提供教師在教案設計的參考。希望教師掌握純實驗活動轉化為探究活動的重點後，日後能隨心所欲地轉化實驗活動成為探究活動。

舉個例子：我們要比較兩條金屬的導熱性，會提供學生兩條一樣長與一樣半徑的金屬，一條是銅，一條是鐵。接著課本會要求在 1 公分、3 公分、5 公分處滴上蠟油，學生在兩支金屬的一端加熱，看哪一條金屬的蠟先融化，由此判斷導熱性哪一隻金屬條較快。在此實驗中，學生學習到觀

察、操作與記錄的能力。

現在將此活動轉化爲探究教學活動，教師先利用引導的方式告知同學金屬有不同的屬性，其中一種是導熱性。我們要如何對不同金屬的導熱性進行探究？我們現在有兩根 10 公分長的銅與鐵（半徑相同）、兩根短的（5 公分長）半徑相同的銅與鐵、蠟燭、火源、計時器。請同學依據這些材料先進行假設，寫出操縱變因、應變變因與控制變因，設計探究步驟。等教師與全班同學討論好探究步驟的合宜性之後，各組再進行探究活動。最後各組將其研究成果呈現出來，證明或是拒絕其假設。教師可歸納各組同學的探究成果，進行最後的總結。

由上述的活動可看出，在探究活動中實驗的器材可能預備要多一些，這樣學生可有充分的資源進行假設、設計、動手做以及結論的產生。而由於大家進行的活動均相同，同學在心得感想中也可寫出自己小組實驗設計可如何的改良，以及哪一組實驗設計比較仔細等訓練。這種探究活動所培養學生的學習表現能力，多於原先的純實驗活動設計，也是 108 課綱中所強調的能力。

由各種教學方法中所凸顯探究教學的特色

同樣的道理，如果教師們將分辨的智慧運用在辨別眾多探究教學法中，哪一種較具備探究的精神，以至於當教師長期投資在此教學中會得到許多教學上的喜樂。以下我們來進行一些判斷：

在過去的文獻中常會提到探究教學有許多種類，例如：

1. 問題導向學習（Problem-Based Learning, PBL）（楊坤原、張賴妙理，2005）是其中一種探究式教學，源自於醫學的案例分析（case study）（Barrows & Tamblyn, 1980），也是醫學領域、科技領域教授所喜歡採用的教學法。此種教學法主要是以學生爲中心，在所面對的生活問題中，界定要解決的問題，小組成員蒐集資料進行探索並將問題解決。

而在解決的過程中學生習得許多的能力與知識。

2. POE 教學〔預測（P）－觀察（O）－解釋（E）〕。此種教學法由 White 與 Gunstone（1992）所提出，主要是幫助學生產生認知衝突，進而有意願學習科學。首先是讓學生對一個自然現象或是實驗進行預測，學生寫下預測後，教師或是學生進行實驗活動，學生看到實驗結果後，再與其事先所預測的結果呼應，看看是否是支持預測或是不支持預測結果，並說出理由。

3. 5E 探究教學法。此教學法由 Bybee 與 Trowbridge（1990）提出，包括：參與（Engagement）、探索（Exploration）、解釋（Explanation）、精緻化（Elaboration）與評量（Evaluation）等五個階段。

(1) 參與階段：教師的活動與教學策略（如提問、定義問題、呈現矛盾現象等）能引發學生的學習興趣，進而主動參與教學活動。

(2) 探索階段：學生參與活動後，教師提供足夠的時間與協助讓學生經由動手操作、協同合作、進行探索，進而學習科學知識與技能。

(3) 解釋階段：在此階段，教師先讓學生將其探索階段所獲得的結果提出解釋。之後，教師再將學生的解釋加入科學概念或技巧，並引導學生進入下一個階段的活動。

(4) 精緻階段：各組學生相互分享探索結果，並提供其他組別意見的回饋，此外，引導學生將其解釋運用在新的情境中。

(5) 評量階段：在學生進行探索與提出解釋後，教師在每階段的活動中，提供回饋並進行形成性評量。

在上述的教學法中，教師們可判斷有無下列步驟：提出議題、確認問題、設計探究、執行探究、蒐集與分析資料、下結論。如果有，則探究教學的特質能凸顯出來；如果欠缺上面的數個步驟，則需要教師們在所使用的教學法中特別強調之。

如何學習探究教學

在筆者長期輔導科學教師們的經驗，發現科學教師們喜歡「新奇」。換言之，當教師熟悉或是實施過某一種教學法之後，會失去新奇感，而繼續的追隨當前最流行的議題或是元素，學習新的教學法來應付教學上的要求。此現象表示科學教師們非常願意學習新事物，並接受教學上的挑戰。願意學習新事物是一件好事，只是建議教師需要將探究教學核心的重點掌握住，否則加入太多新的元素，有可能會失去探究教學的精神。

筆者自身學習探究教學的經驗，是不斷的思考與操練 NRC（1996）所建議的探究教學法到耳熟能詳的地步，以後有新的元素引進，筆者可以從容不迫地將新的元素融入到既有的探究教學中。這種做法，不但保有原先的探究教學特色，也可將新元素加入後達到畫龍點睛的效果。筆者早期花時間熟悉與熟練探究教學，體會探究教學的美，將探究教學精神融入自己教學信念中，這時候就可運用探究教學進行跨領域、跨科的探究教學，甚至轉換到 STEM 教學。

建議教師們鑽研一種探究教學策略，熟練它，再由此教學策略慢慢的增加一些新的元素於其中，例如：科學閱讀、科學、論證等。這樣在整體教學中，不但可看出探究的主體性，也可呈現增加新元素所造成的加乘效果。如果不是按照此方式學習探究教學，就會看出「拼盤」或是「混合物」的教學，而看不出「合金」般的探究教學特色。

教師們一定很關心，要如何地裝備自己成為具備探究教學知能的教師呢？首先，教師要成為對環境充滿好奇的學習者、探究者，隨時找尋可探究的議題，想像如何的設計探究歷程，蒐集資料來解答自己的探究議題。只要教師自己養成探究的習慣，漸漸地就會發現探究過程中，訓練思考能力的寶貴與重要，也會開始帶領學生進行探究教學。

其次，教師要理解探究教學主要是教導學生思考與學習。教師與學生在探究過程中，其實是一起探索未知的情境，有可能沒有正確的結果

與解答，因此要容忍探究過程中「不確定性」的特質，以及「不完美」的結果。教師也無法在學生進行探究的過程中，一直保持知識權威者的角色。只要教師克服上述所提的狀況與想法，即能轉換成為探究教學的教師。

教師對探究教學的迷思

在過去協助教師學習探究教學時，歸納出教師們對探究教學有一些迷思觀念，以下一一的列出並說明。

1. 如果採用探究教學，則自己就無法進行講述。其實這種非黑即白的二分法，是不正確的觀念。探究教學主要是讓學生主動的進行科學概念的建構，在進行探究的過程中，一些重要的知識、實驗的技巧需要教導學生時，仍需要教師講述與傳授，才能讓學生順利的透過探究過程建構有意義的知識。筆者看過許多探究教案，有些教師非常強調結構化的概念講解，以及學生獲得正確的課本知識。因此在 100 分鐘的教案中，真正讓學生進行探究的時間僅 10 分鐘，但也有些教師的教案是 100 分鐘裡教師的講述僅占 15 分鐘，其他時間都讓學生進行探究。教師們可能會繼續詢問：教師可講述多少的內容，或是占多少的時間，還算是探究教學？對於此疑問，有一個可判斷的觀念就是「主客易位」。學生在探究過程中是建構知識的主角（主人），教師是客人（配角），如果整個教學活動是兩節課，在這兩節課中，主人與客人互換角色，則表示教師的講述太多了，已經讓學生主動建構知識的主人角色變為客人了（接受教師的講述）。

2. 有些教師認為自己帶了許多年的科展，自然而然就會進行探究教學，其實這種觀念不見得正確。首先教師在帶領科展時，如果都是教師主導提供題目、研究方法、資料分析與詮釋，只是讓學生自己動手做活動蒐集資料，則這種帶領科展的方式其實全部都是教師主導，嚴格說

是屬於結構式探究，只是探究的場景在科展情境中而已。以這樣的方式進行教學，即便在課室中也會習慣地主導整個探究活動的進行，因此無法彰顯出探究教學的特色。

3. 亦有教師是採用開放式的方式帶領學生進行科展，這確實是開放式探究教學。只是教師僅面對小部分的學生，對於在課室中面對全班學生的情境，不見得教師仍會採用開放式或是引導式探究教學的方式進行教學。有可能教師為了顧及學生的秩序管理或是教學流程的效率，反而限縮學生探究的機會。因此開放式探究教學未必能在課室教學中展現出來。

4. 有些教師認為，獲得科學領域的碩士或博士學位，就自動會進行探究教學。基本上這些有做過純科學研究的教師確實體驗過科學探究的歷程，但是經驗到探究本質到轉化探究經驗成為探究教學，仍需要有一些探究教學特點的展現與演練，否則仍無法在課室中落實探究教學。舉個比喻，很棒的運動選手不見得是很好的教練，當運動選手轉換身分成為教練時，教練要注意的重點（選手能力與競賽）與選手要關心的重點（競賽本身）不相同。因此好的運動員要轉換成為教練，需要花一段時間轉化其身分與角色，才能幫助運動員成長。研究（Schwartz, et al., 2004）也顯示讓學生進行實驗活動，學生不見得明白探究的本質，必須教師使用明示的方式，告知學生哪些探究歷程或是實驗活動與探究本質有關，這樣對學生認識探究本質才有幫助。因此獲得科學領域碩士或博士學位的教師們，需要花時間將過去的科學實驗經驗進行反思，萃取出裡面的探究本質，或是閱讀科學本質探究教學的書籍再將此本質融入自己的教學中，這樣就能凸顯出探究教學的特色。

5. 有些教師會認為，如果在課堂中進行分組教學，每一組學生都進行實驗活動，則這就是探究教學。其實表面上教師進行了分組，4-6 人一組，進行實驗活動並不算是探究教學。雖然分組活動在探究教學扮演重要任務，但是並不保證學生在分組中，組內同學真正成為一個社群，透過社會互動針對觀察到的現象提出可探究的問題，透過討論設

計出探究的活動計畫，接著進行小組的資料蒐集與分析，再透過論證提出發現的宣稱，此一系列的知識建構歷程也是反映科學家獲得科學知識的過程。所以是否具備探究教學的特色，不在於是否有分組，而是教學活動中，學生有沒有經歷探究的歷程而定。由這些關鍵要素，也可判斷動手實作活動是否屬於探究教學。學生雖經歷動手實作的活動，但是在此活動中，學生有沒有主動建構知識，還是僅依據教師的指令或是學習單的要求，被動的達成工作任務。從學習者是否主動建構知識，就能判斷此教學活動是否為探究教學了。

如何判斷好的探究教學

很多教師需要進行觀課，或是觀看同儕的探究教學影片所提供的探究教學建議，那要如何判斷探究教學有否凸顯探究精神？在此說明筆者判斷的方式。當筆者觀看教師所提供的探究教學錄影帶時，會先瀏覽整體的教學影片，在整個教學影片中學生是否扮演主動學習的角色，還是教師常常主客易位，幫助學生學習。

接著筆者會依照探究教學的步驟，檢視教師的探究教學影片。首先，觀察教師有沒有在一開始上課時，提供生活情境，讓學生進行觀察，並找出要探究的議題。這段議題的找尋時間是否足夠，可讓各組的學生們依據情境，找出要研究的議題並建立假設，找出操作變因、應變變因與控制變因。

下一步驟是小組學生有沒有設計探究活動，進行資料的蒐集與分析。這是 PISA 2015、PISA 2025 非常重視的能力。在此階段教師需要確認學生能力與程度，讓他們參與部分或是全部的探究設計。學生在資料蒐集與分析時，教師也需要依據學生的程度與能力，提供不同開放程度的表格讓學生能填寫與記錄。在學生進行小組活動時，教師是否到各組巡視，並利用提示的方式，協助小組學生解決在探究過程中所產生的疑問。

最後階段則是，教師有否讓小組同學在全班進行口頭分享與討論。在此階段中，教師有沒有讓各組報告探究的重點，其他組同學有沒有提問，報告的同學有沒有回應提問等活動，在此階段也能看出學生的論證能力（依據重要的證據提出其對假設的宣稱）。等探究的各步驟都進行後，最後是教師進行本探究活動的總結（本活動的目的以及本活動中的重要科學觀念）。

依據筆者過去輔導教師進行探究教學的經驗，教師在進行探究教學會有下列的現象：

1. 在生活情境的營造方面，越來越多教師利用 YouTube 播放一段影片給學生觀察，接著要求小組學生建立探究的議題（或是教師提供探究的議題），找出操作變因、應變變因或是控制變因。例如：播放一段快轉的優酪乳的製作過程，接著讓學生在優酪乳的製作中，找一個可探究的議題。

2. 將探究的議題縮小到僅讓學生針對一個小現象進行一或兩個變因的探討。例如：葡萄乾的沉與浮現象，教師為了時間的控制，會跟學生說你們兩個杯子各放三顆葡萄乾，兩杯的溶液都是 90 毫升，其他你們自己決定要測什麼。

3. 在每一個階段給很少的時間進行小組討論或是思考，例如：大家想一想，3 分鐘後小組上台報告。或是給一小段的時間（例如：3 分鐘），時間到，立刻進行下一個活動。

4. 教師在進行探究教學時，看起來很開放，很少說話，請同學依據學習單的引導進行探究活動。但是學習單內的敘述說明非常的結構化，已經告知學生每一步驟要做的事，以及要如何地記錄。探究教學很重要的是學習單的設計，一份好的學習單可扮演小組探究時的陪伴者與引導者，好的學習單的設計可幫助學生完成探究教學。

造成上述現象的主要原因是時間的壓力，以及教師在下意識中想「掌握」學生的學習。因為臺灣的教師非常的有責任感與使命感，108 課綱教師們所能運用的授課時數均減少，因此教師們倍感壓力，要在更短的時間

教授課本上的所有知識。再加上許多科學教師對於自己的學科知識熟悉度很高，對於課本中僅輕描淡寫提到的科學名詞覺得解釋不夠清楚，教師需要花時間將概念的來龍去脈講解給學生聽，這樣才算盡到科學教師的責任。基本上這種思維反映出教師非常在乎科學知識的傳遞，因為科學知識很抽象，需要教師的講解學生才能理解。或許教師們可採用翻轉教學，幫助教師由授課時間不足的壓力下釋放。

其實傳遞與講述科學知識本身沒有錯，只是由教師主動傳遞知識時，在學生的心智（mind）中能記得多少，能存留多少有意義的知識，是當今教師們需要思考的問題。因為依據第一章提到的國際科學素養（OECD）的要求，越來越重視科學的程序性知識以及認識論知識。因此教師在教學時，如何透過學科教導程序性以及認識論知識是需要關注的焦點。

上述的第一個現象，主要是教師們在教學時數不足的壓力下，所進行的有效率布題方式。其實在大自然下的觀察是需要時間與需要學習者自身能感受到的，這才構成有意義的探究。建議教師們如果能自己錄下學生生活中的事物，或是請學生自己錄下要觀察的情境，則效果會更好。因為布題情境與學習動機有關聯，如果學生發現議題情境與自己的生活經驗有關，則學生的探究動機會被激發。其次，議題布好後，教師需用有智慧的提問引導，讓學生建構要探究的議題。有許多教師在布題上與學生要探究的議題的連結有點牽強，使得學生不知為何要進行探究。建議教師先在前幾節的課程中要求學生觀察特定的生活議題，等學生觀察好這些議題後，再由教師帶領學生進行探究議題的聚焦，這樣的探究效果才會彰顯。

上述第二個現象，主要是教師的效率感造成。許多的科學教師在時間的經營管理上，非常的優異，因此教師在省下「不需浪費的時間」的思考下，如何簡化探究中不必要的摸索，讓學生能直接進行「最重要的探究步驟」。誠如上面所言，其實學生自己決定哪一些是控制變因，以及要加多少的液體到兩個透明杯，都是很重要的思考訓練，這些思考訓練長久的培養對於學生科學素養的養成扮演重要的角色。

　　除了效率感之外，具備此教學特色的教師非常享受知識傳遞的樂趣。這時教師們需要思考是否透過活動的設計，能讓學生具備獲得知識的能力，使得他們能夠建構自己有意義的知識。因此在探究活動的設計上，可以讓探究的議題變得稍微大一點，探討的變因多一點，時間長一點。因為有意義的知識建構是需要時間的。

　　第三個現象，是教師在探究過程中的每一個步驟的時間都掌握到位。有許多教師在平常教學時，經營管理能力很強，時間的掌控非常的精確。好的探究教學確實需要在好的教室經營管理的氛圍中進行，例如：尊重別人、小聲說話、排隊拿器具等等。但是教室經營管理如果要求學生在特定時間完成任務，可能會造成學生為了在時間內完成任務而無法進行思考能力、解決問題能力的操練。例如：請同學在 3 分鐘之內找出操作變因、應變變因、控制變因，或是 3 分鐘完成探究活動的設計等等。由於每一班的學生特質只有授課教師知道，因此對於時間的要求需要能合理的讓學生達到學習的目的，這是重要的判斷標準。

　　建議教師能自己進行探究活動，計算所需花費的時間，或者是找一些學生（非教學班級）實際進行探究活動，即可估算進行探究活動時每一個步驟需要花費的時間。教師在進行探究教學時，需要「容忍」時間與教案上估算的不同。

　　第四個現象，教師雖然不是自己主導學生的探究，但是透過學習單的具體的要求，學生仍舊在被引導的情境下進行被動的學習。探究教學很重要的是學習單的設計，這時候每一小組的學生在進行探究的過程中，會需要依據學習單的指引，完成學習單內的要求項目。在填寫學習單的要求時，學生也同時經歷學習表現所強調的思考能力與解決問題的能力。所以學習單的設計在探究教學中扮演很重要的角色。學習單寫的太仔細或是太籠統，都影響在探究過程中，操練學生在學習表現的目標。

結語

　　本章的主要目的是，幫助教師透過理解探究教學的定義，知道如何在各種教學法中融合探究的特色，也知道如何突破一些探究教學的迷思概念及教學上的一些習慣，而能真正幫助學生體會進行探究的樂趣。

第四章

探究教案設計與範例

　　教師們想到教案設計時，心中會出現幾種想法：(1) 又是做一些形式而無意義的事；(2) 教案設計真的這麼重要嗎？我只要會教，臨場能快速反應就可以了，教案的意義並不大；(3) 一定要寫很複雜的教案嗎？能不能使用簡潔的教案即可。本章將解釋教案設計的重要性，並展現探究教案設計的思考歷程以及呈現具體的教案範例。

探究教案設計的重要性

　　在筆者跟科學教師相處過程中，發覺到科學教師們的思考反應快速敏捷，非常重視溝通表達的邏輯性，也熱愛參與科學活動。在進行科學活動時，科學教師們的注意焦點是此科學活動如何執行，是否有更快捷的方式達到活動本身的成果。舉例而言：科學教師在思考優酪乳製作的探究活動，他們在乎的是要用哪一個牌子的牛奶，要設定多少溫度，要用多少劑量，要進行多久的時間能做出效果最佳的優酪乳。再者，科學教師的特色是惜字如金，許多的成品用簡潔的方式呈現即可，對於使用「寫作」將自己的教學思考完整與細緻的表達出來的興趣較為缺乏。可能是覺得投資在教案的設計，相較投資在活動的設計上較沒有價值。

　　這些科學教師們的「科學人」特質，使其關注的焦點在活動本身，而不是在學習者身上。到底科學教師應該用哪一種的心態設計有意義的教案，並能體會到教案設計的價值，是本章要呈現的重點。

　　將教案設計提升到學術上的教師思考領域者，應該是 Clark 與 Peterson（1986）。在他們整理教師思考的實證研究時，歸納出教師的思考可分為教學前（包含教案的設計）、教學當下，以及教學後的反思。而教師透過這三個階段的思考歷程後，就可將他們的反思心得作為下一次教學前準備的依據。教師的思考透過這三個階段的循環，就能建構出教師獨特的教學知識。因此教師的教學前思考，也就是教案的設計，扮演非常關鍵的角色。

其次，我們由認知負荷的角度看教案設計。如果教師在教案設計時能超前布署，將教學過程中可能發生的問題，以及要如何地因應都寫在教案裡，則教師在真正進行教學中，就能很鎮定的處理教學過程中所發生的突發狀況，且能很從容不迫的達到該節課所欲達到的目標。

最後，教師運用完整的角度設計與撰寫教案時，其實也在操練自己系統思考的能力。系統思考在最近幾年非常的熱門，也被教育界認為是重要的思考能力。林英杰等（2022）指出系統思考（systems thinking）「強調問題的發生往往因為整體系統中的許多因素彼此交互作用而成，因此面對問題時，唯有採取整體性的思維，才能看清問題的全貌。」（p. 59）而「系統應具有三個基本特徵：一、系統由若干物件組成。二、組成物件之間會相互作用。三、物件間的交互作用使系統具有整體性的功能。」（p.59）因為教師須構思教案要達到的目標，由哪些活動所組成，而活動本身之間如何相互作用，使得教案的最高目標「學生進行主動地探究培養高階思考能力」能達成。系統思考也常用在商業界，用宏觀的角度解決問題。商業界常常需要在一年的開始寫企劃書，這些企劃書就如同教案，越仔細的企畫書，公司的設定目標越容易達成，就和越仔細的教案越能在教學現場實踐相同，可見教案撰寫的重要性。當然，教案的撰寫有一學期、一個單元或是數個單元的教案，但是其設計的原理均相似。

探究教案的設計

教師早期的教案設計會要求教師先設定目標、課綱，再依據目標與課綱進行每一步驟的教學流程。這種由上而下，由抽象到具體的設計方式對於許多教師而言，較無法體會教案的意義，因為太抽象，使得教師無法體會。

筆者建議的做法如下：當教師有生命經驗後，方能用熱情的方式將此經驗進行包裝成為教學活動，讓學生能透過教師所設計的活動，習得重

要的知識與能力。因此讓教師自己有探究的生命經驗是很重要的開始。我們如何由生活中找尋探究的議題？相信這是許多教師的疑問，針對此議題，教師們可將自己當成學習者，對生活周遭的事物產生好奇，常常詢問為什麼，以及思考如何能解決或是解答問題等想法。舉例，最近天氣冷熱差異很大，此現象在 10 年前、20 年前都相同嗎？是哪些因素造成氣候變化如此大？

當有了具體可探究的問題後，教師接著思考要如何設計整個教學活動，要蒐集哪一些資訊，以及能使用的器材，讓探究能順利的進行。接著教師們可想像如何的具體執行此探究活動，在進行的過程中需要注意的事項。最後教師們思考這個探究活動能夠培養學生哪一些探究能力、態度以及學科知識。

當教師們將自己的探究經驗轉換成為探究教學的歷程後，先大量的寫出這些教學歷程，不要有任何的評論。教師將探究教學的歷程寫出後，下一個步驟是將這些流程加以編修，使得更凸顯出探究的歷程，以及如何培養學生的探究能力。

教師的教案流程編寫好之後，接著是設計學習單，讓學生的學習表現透過學習單能呈現出來或是記錄下來。學習單設計好之後，最後是設計評量試題檢核學生的學習表現有否達成課程的目標。教師們可利用 PISA 試題的形式設計評量試題，檢核學生的探究能力，或是設計一般試題測試學生的科學知識。最後才撰寫課程目標如何與 108 課綱標準扣合。教師如果按照上述的方式進行教案的編寫，則會發現教案設計真的很有意義。

鼓勵各位教師能對環境敏銳，對新聞敏銳，在生活情境中，不斷地尋找教材，透過教案設計的歷程編寫成探究教案。教師好像一位作家在生活中不斷的找題材，最後將這些題材撰寫成書籍。教案如同書籍，教案設計如同找題材以及不斷編寫書籍的歷程。作家都期待讀者能欣賞自己所編寫成的作品（教案），並能在閱讀過程中產生共鳴。同樣的，教師寫出一份好的教案，一定很希望得到更多教師的共鳴。科學教師需要不斷的創造好的教案，留下書面的資料跟廣大的同好進行分享。

　　筆者過去參訪澳洲、美國的科學教師，他們習慣在自己的辦公室放置一個檔案櫃，在檔案櫃中蒐集許多在各地方參加研討會所獲得的教學資源。這些科學教師們很珍惜他們所蒐集到的教學資源，每一次上課前都會將所需授課單元的教學資源拿出來，進行一些編修，成爲他們當下授課使用的教材。同樣的，筆者非常鼓勵臺灣的科學教師，不斷地蒐集許多的教學資料（不論探究或是其他的資料），成爲自己教學重要的資料庫。這種教學資料庫的建置觀念，越早開始，對教師的教學專業成長越有幫助。

探究教案設計範例

　　以下筆者使用一個具體例子，說明筆者的研究團隊如何進行探究教案的設計（請參見章末教案：降落傘）。

　　我們在電視中，常常看到有人在進行降落傘的跳傘活動，跳傘活動蠻吸引學生的。所以筆者的團隊，思考如何依據降落傘的活動設計探究教學活動。降落傘的基本構造有傘面，有繩索以及繩索下的籃子。在傘面部分，有圓形或是長方形，或是在傘面上打洞。在繩索方面，繩索的材質、條數，以及長度（綁著傘面與置物籃）。接著是繩索下的籃子（可放置人或物品）。在降落傘的系統中有許多的因素可以影響降落傘的下降時間。學生們可以自己找一個操縱變因，以及許多的控制變因來檢核降落傘的下降時間（應變變因）。應變變因的部分教師可決定降落傘下降最快還是最慢。

　　當我們思考好降落傘如何進行探究活動後，下一個步驟就是找尋便宜的材料，使得活動的實施不會對教師在經濟上產生負擔。降落傘的材料可採用垃圾袋，繩索可用尼龍線，降落傘的籃子則可用塑膠杯，這些材料的費用是便宜的，是教師們在實施中可負擔的。另外，此探究活動可在家中進行也可在教室進行。這些都是我們在思考降落傘教案可行性的因素。

　　教師需要依據學生的程度改變材料。例如：顏色相同的厚垃圾袋與薄

垃圾袋；兩種粗細不同的線，以及兩種不同材質的杯子。當學生在探究變因上有多的選擇機會，相對的挑戰也比較大。如果教師擔心時間不夠，上述的材料給學生太多的選擇，則教師可提供一種垃圾袋，一種繩子與一種杯子。這樣學生可就傘面，或是繩長進行變因的探究。所以材料的提供可營造簡單到複雜的探究活動。

　　以上是說明當我們在材料的準備時，就開始思考與評估學生可能會選擇的探究因素，以及如何引導學生往特定的方向進行探究（例如：傘面大小，或是傘上打洞，其他繩長、杯子都不變）。

　　為了讓學生覺得此探究活動與生活是有關聯的，教師可用 YouTube 拍攝自己設計的降落傘下降的影片，或是找尋降落傘有關的新聞、影片等，讓教師在情境的營造時，學生會覺得此探究是有趣的，與其生活是有關聯性的。

　　當教師營造情境之後，幫助學生分組，基本上 3-4 人一組是最佳的小組人數。小組的編排可將全班依據學生自然科成績分為高分組（A 組）、中分組（B 組）、低分組（C 組）三組，每組組員需有來自 ABC 的組員，同學可自行挑組員。接著是小組同學思考，建立假設，找出操縱變因、應變變因，與控制變因。此時教師為了確認各組學生所提出探究問題的合宜性，可讓各組將其小組的探究問題寫在黑板上，並請一、二組學生進行分享，其他小組組員或是教師進行提問。此步驟是確認各組學生均能寫出合宜的假設，找出操縱變因、控制變因與應變變因。

　　接著教師要求小組組員設計探究活動來確認假設。等各組組員設計好探究活動後，才能請小組組員到講桌前拿材料。切記，這一步驟非常重要，如果學生先拿到材料，他們常常會採用嘗試錯誤的方式進行探究活動，這樣就無法培養學生規劃探究活動的思考力。設計實驗（或是探究）活動是一種高階思考的能力，也是 PISA 測驗所重視的能力，因此教師需要注意器材提供的時間點。

　　等小組學生設計好，開始進行活動時，教師可到各組巡視，並透過發問的方式引導學生進行正確的探究方向。教師不可心急，為了節省時

間，而直接跟學生講解答案或是告訴學生該如何地進行活動。許多的教師在進行探究活動中內心會有掙扎，覺得太浪費時間，直接講述比較快。但是等候是必要的，這好比辛勤的農夫，只能看著秧苗成長，但是無法揠苗助長一樣的道理。也只有放手讓學生自己主動的進行探究，才能讓學生獲得探究的能力與態度。

　　在進行探究活動時，為了降低所有無關變因，教師可讓學生在一定的高度下試降所設計的降落傘，學生要設計兩個降落傘來進行實驗組與對照組的比較。筆者曾觀察到一些聰明的學生只進行一個降落傘的設計，接著改變此降落傘的繩子長短，或是傘面大小，來進行實驗組與對照組實驗活動，這時教師可讚賞學生的創造力。

　　基本上教師可讓學生在教室內 200 公分高的高度下，進行降落傘下降測試。學生需要測試四、五次降落傘下降的操作，並記錄下來。如果數值不佳，他們可能需要測試更多次。過去實驗課本僅要求學生測試三次，學生誤以為科學家進行科學實驗只有三次，取平均值即可。其實科學家在進行數據蒐集時要面臨誤差的問題，學生需要判斷哪幾次的測試數值是不能使用的，也須明瞭科學家在進行實驗時，不是僅測試三次。在時間的記錄上，教師可鼓勵學生用創意的、精確的方式記錄下降的時間。例如：許多學生發現可用手機錄影，透過手機錄影可精確記錄下降的時間。如果在教室內沒有手機，則學生須思考如何用有創意的方式測試下降時間。

　　學生在進行探究活動時，需要將測試的結果記錄下來，紀錄表格的設計也是一門學問。表格可以是教師事先畫好，並標示好橫軸與縱軸的刻度與單位，也可以完全空白讓小組學生自行設計。如果是程度佳的學生，建議給空白紙讓學生自行設計紀錄表。如果是程度中等的學生，則建議教師提供表格，但是讓學生自己填橫軸與縱軸的單位。如果是需要很多幫助的學生，則表格提供給學生後，也須標示橫軸與縱軸的名稱與需要記錄的資料。

　　探究活動後，小組同學須將資料分析後轉為研究發現，並透過此發現來支持其假設或是拒絕其原先的假設。小組組員須寫好探究的發現，提出

其論證，以蒐集的資料驗證假設或是拒絕假設。各組可將結果呈現在黑板上，教師可挑選幾組報告，並讓全班同學提出質疑，讓報告的同學提出證據反駁其他組別的質疑。最後教師進行講述，說明整堂課所要培養學生的探究能力、獲得的科學概念以及學習到的態度。下課後，教師可讓各組同學寫出心得感想，也寫出對於各組探究活動設計的改進方案，並對其中一組的探究設計提出評論與改進意見。在這一段的教學活動，學生透過數據的分析獲得研究發現，提供證據支持自己小組的宣稱，針對探究活動的設計進行檢討改進等，這些能力也呼應 PISA 2015、PISA 2025 所強調的科學素養。

降落傘教案的轉化方式

　　一份教案在不同班級中，需要教師依據學生的特性進行調整與修改，不能一成不變，照表操課。如果學生的程度不錯，可試著讓他們找兩個操縱變因進行探究。另外在探究的地點，也可讓學生在校園中尋找一個空曠處測試學生們所設計的降落傘。只是在戶外的變因很多，特別是風的問題，因此學生要探究的因素也需要增加。

　　許多教師常常會用競賽的方式進行降落傘探究活動，筆者建議探究是探究，將探究的歷程全部都執行完之後，透過探究的成品（降落傘），再找有空的時間進行競賽活動，這樣整體的探究教學活動比較不會失去焦點。否則會有學生為了競賽得獎，不按照探究的歷程進行活動，造成了探究的過程中應該有的能力操練被忽視。

　　最後，教師可依據不同組別的學生在探究過程中的表現給予獎勵，例如：有些組別規規矩矩的進行觀察、記錄，且資料的分析很仔細。有些組別則是非常的有創意，但是在資料的蒐集與分析未必仔細。也有些組別動手操作的能力很好，降落傘製作精美等等。教師可在巡視各組的表現時看到學生在進行活動時的特質，在公開場合表揚學生的優點，也可在學習單

上讚美學生的優點。至於需要改進的部分，可進行綜合的論述，而單獨小組學生的表現以及須改進之處，則可在學習單上提出建議。

探究教案的資源

教師們如果想查詢國中、國小探究教案，可透過 Google 輸入「CIRN」網站，再由此網站搜尋「探究教學輔導網」關鍵詞，則會出現探究教學的影片以及獲獎的國小、國中探究教案。高中科學教師若欲查詢高中科學探究教案，可查詢北區探究教學推動中心（師大附中）、南區探究教學推動中心（臺南一中）網站裡面的資訊，另外在段曉林等人（2020）的書籍中也詳細的介紹物理、化學、生物的探究教案，以及跨領域探究教案。

結語

本章的主要目的是，幫助教師們理解從日常生活中找尋探究議題的重要性，以及探究教案撰寫的方式。接著本章提出本研究團隊依據設計步驟如何設計一份探究教案，提供教師們參考。之後說明教案設計後可進行的變化方式，以及如何尋找高中、國中、國小探究教案。期盼這章的說明能幫助教師們日後能喜樂地設計完整的探究教案，以及執行探究教學活動。

降落傘

活動名稱	降落傘	教學時間	4 節（180 分鐘）	
教學單元		**版本**		**設計者**	郭彥叡

教學目標	1. 藉由探究過程，了解影響降落傘降落時間的因素。（108 課綱 J-A2） 2. 能夠理解降落傘降落時速度受到本身重量與空氣阻力的影響。（108 課綱 J-A2） 3. 在探究過程中培養科學探究、問題解決、與他人溝通自己想法的能力。（108 課綱 J-A2、J-A3、J-C2） 4. 培養科學學習動機與興趣。（108 課綱 J-A1）
實驗器材	每組：細棉線 1 捆（直徑約 2mm，全長約 580cm）、膠帶 1 個、細字油性筆 1 隻、碼表 1 個（確認是否有電）、圓規 1 個、剪刀 1 把、垃圾袋（約 43*56cm）5 個、30cc 塑膠杯 10 個、直尺（40cm）1 把、量角器 1 個。 每班：細棉線 2 捆（直徑約 2mm，全長約 580cm）（備用）。

教學流程

主要步驟	教師活動	學生活動	時間
引起動機	------ 第一節開始 ------ 1-1. 教師先展示一個已做好的降落傘給學生看。 1-2. 教師說明降落傘在生活中的應用。	學生專心聆聽。 各自填寫學習單第一題。	5 分鐘
進行探究活動中的提出假設	2-1. 教師詢問學生，哪些因素可能會影響降落傘降落的時間？以及如何定義降落傘降落時間？ 2-2. 教師將學生所提到可能影響降落傘降落時間的因素寫在黑板上。 2-3. 教師請各組考慮現有材料，挑選一個可能影響降落傘降落時間的因素作為實驗操縱變因。（教師可鼓勵各組儘量挑選與別組不同的操縱變因）	學生舉手回答教師問題並各自填寫學習單第二題、第三題。 各組挑選一個操縱變因。	10 分鐘

進行探究活動中的設計實驗	3-1. 請各組開始討論自己小組的實驗設計，每一個操縱變因至少設計 3 個降落傘，小組成員並各自將小組設計填寫在自己的學習單上。 3-2. 教師若發現學生遭遇困難而進度停滯不前，可給予學生適度的引導（例如：教師可幫忙釐清操縱變因與控制變因的差異、說明學習單上設計表格的格式等）。	設計實驗，請與同學或教師討論如何設計並各自填寫學習單第四題。	15 分鐘
進行探究活動中的製作成品	4-1. 各組根據自己小組的實驗設計，製作降落傘，驗證各組的操縱變因是否會影響降落傘降落的時間。 4-2. 教師若發現學生遭遇困難而進度停滯不前，可給予學生適度的引導（例如：教師可示範如何利用量角器來平均劃分傘面的圓周長，以在畫分處用膠帶黏貼棉線的一端，或教師可示範如何將細字油性筆裝在圓規上以畫出圓形傘面等。） --- 第一堂課結束 --- （繼續 4-1 與 4-2）	製作降落傘。	15 分鐘
進行探究活動中的資料蒐集	5-1. 教師先行示範如何量測降落傘降落時間：教師用左手拿住降落傘傘面左側，右手拿住降落傘傘面右側，將雙手舉至最高。旁邊可請一位學生幫忙以碼表計時，當雙手一放，即按下碼表，降落傘一接觸地面，再按一下碼表，此時碼表上顯示的即是降落時間。 5-2. 教師請各組派一位同學站在椅子上，重複剛剛教師示範的降落傘施放動作，每一個降落傘重複至少 3 次，並請其他同組同學以碼	與同組同學合作操作實驗與記錄數據（與同組同學一起完成學習單第四題記錄數據的部分）。	5 分鐘 40 分鐘

	表量取降落時間，記錄在學習單上，算出每一個降落傘降落時間的平均值。當降落傘降落於地上拾起時，請提醒學生自傘面拾起，棉線較不易糾纏在一起。 （亦可於其他室內場館進行以增加降落傘降落高度，例如降落傘自體育館的二樓降落至一樓，如此將更容易鑑別降落時間是否有差異。） --- 第二堂課結束 --- （繼續 5-2）		
進行探究活動中的資料分析與描述實驗結果	6-1. 當所有組別都進行完一個操縱變因的設計與實驗後，教師開始請各組學生討論如何將紀錄的實驗數據畫成座標折線圖，判斷該操縱變因是否會影響降落傘的降落時間？若有影響，詢問學生什麼情況下，降落傘降落的時間會增加？以及什麼情況下，降落傘降落的時間是最長的？ 6-2. 教師若發現學生遭遇困難而進度停滯不前，可給予學生適度的引導（例如：當學生不會將紀錄的數據點在折線圖上時，教師可取一個數據，在折線圖相對應處點個小點，說明此小點在橫座標與縱座標的意義）。	與同組同學一起討論如何畫出自己學習單第五題的座標折線圖。 與同組同學討論如何根據上一題座標折線圖描述實驗結果，並各自回答學習單第六題。	35 分鐘

進行探究活動中的小組發表、學生討論與教師回饋補充總結	7-1. 教師請 2-3 個小組上台報告小組發現，並詢問學生為什麼小組的操縱變因會影響降落傘的降落時間（如果會影響的話）。此時可帶動討論，並給予糾正或更詳細的補充（請見單元補充教材，視學生學習狀況教師可決定是否介紹終端速度的概念）。最後並做討論的內容總結。 --- 第三節課結束 --- （繼續 7-1）	小組上台發表實驗結果（各自回答學習單第七題）、學生與同儕或教師討論（可回答學習單第八題，第八題較難，學生可選擇略過不寫）。	10 分鐘
降落傘比賽	8-1. 教師展開室外降落傘比賽：比賽可於建築物 2 樓（或是室內 200 公分高的地方），將降落傘自同一高度輕輕放下。請各組推出一個剛剛實驗已做好的降落傘做施放。教師可當裁判，以碼表量測各降落傘的降落時間，比較哪一組的降落傘降落時間最久，第一名的小組可加分。	降落傘比賽。	25 分鐘
完成學習單、學生回饋單、單元測驗並繳回	9-1. 發放學生回饋單、單元測驗給學生填寫，最後再與學習單一起收回。 ------ 活動結束 -------	完成學習單、學生回饋單、單元測驗並繳回。	20 分鐘

單元補充教材

一、降落傘降落原理

　　一個降落傘自開始降落至落地的過程中，在垂直座標軸主要受到兩股力量的影響，一為降落傘本身的重量，另一為空氣阻力，這兩股力量方向相反。當降落傘開始落下時，降落傘本身的重量即維持一定值，但所受空氣阻力卻遠小於降落傘本身的重量，因此降落傘降落速度會逐漸地加快；當其速度加快的同時，其空氣阻力卻也逐漸增加；當空氣阻力增加到與降落傘本身的重量一樣的時候，降落傘即以等速向下降落，此時的速度稱為終端速度。

　　終端速度可用下式表示：

$$V_t = \sqrt{\frac{2mg}{\rho A C_d}}$$

　　其中

　　V_t 為終端速度，

　　m 為物體重量（本教案中即降落傘本身的重量），

　　g 為地球所引起的加速度，

　　C_d 為阻力係數，

　　ρ 為物體落下時所處的流體密度，

　　A 為物體的投影面積（本教案中即降落傘的垂直投影面積）。

參考網頁：

- 終端速度。https://zh.wikipedia.org/wiki/%E7%B5%82%E7%AB%AF%E9%80%9F%E5%BA%A6

二、影響降落傘降落時間的因素

　　影響降落傘降落時間的因素有很多，若不考慮降落傘在水平方向的受力（即假設為無風的狀態下），則垂直方向須考慮的因素為降落傘本身重量與所受的空氣阻力。當降落傘本身重量越小，或所受空氣阻力越大，則降落傘將越早達到終端速度，代表終端速度越小，降落時間也越長。

　　因此，會影響降落傘降落時間的因素，除了降落傘本身重量外，也包含任何會影響其所受空氣阻力大小的因素，例如：傘面面積、傘繩長度、傘繩數目、傘面材質等。傘面投影面積越大、傘繩長度越長、傘繩數目越多、傘面材質越強韌，降落傘所受空氣阻力越大，如前段所述，降落時間也將越長。

參考網頁：

- Teacher Resource Pack: Parachutes

  http://www.rafmuseum.org.uk/documents/London/Downloads-and-worksheets/

  Parachutes-KS3-and-4-teachers-resource.pdf
- Parachutes

  http://www.explainthatstuff.com/how-parachutes-work.html
- Elephant and Feather - Air Resistance

  http://www.physicsclassroom.com/mmedia/newtlaws/efar.html
- The Physical Factors Affecting Parachutes

  http://www.ehow.com/info_8713065_physical-factors-affecting-parachutes.html

三、學生先備知識

學生應先具備牛頓第一與第二運動定律的觀念，理解當物體所受淨力不為零時，物體的速度將產生變化；若物體所受淨力為零時，移動中物體將維持等速運動。

四、延伸活動

學生可以再探究其他在課堂上所沒探討到可能影響降落傘降落時間的變因，例如：在傘面上打洞、傘繩的固定方式（如傘繩之間是否交叉）、在傘面下架設支架支撐傘面等。

學習單

活動名稱：降落傘

（每人一份）

班級：	組別： 第　　組	學號：	姓名：	日期： 月　　日

一、請畫出或寫出降落傘在生活中應用的例子：

　　例如：在軍事用飛機的逃生上、軍事用飛機降落落地時減速上、空投物資
　　上、休閒娛樂上等。（斜體字體為預期的答案）

二、<u>可能會影響降落傘降落時間的變因有哪些</u>（請至少寫出三個）？

　　降落傘本身重量、傘面面積、傘繩長度、傘繩數目、傘面形狀、傘面材質
　　等。

　　我的小組選擇＿＿＿＿＿＿＿＿＿＿作為本次實驗的**操縱變因**。

三、各位同學，請問要如何定義**應變變因**降落傘降落的時間呢？

　　*從降落傘自手中離開，至降落傘**剛碰觸**到地面的這段時間。*

四、我所設計的降落傘圖、各種變因與數據蒐集

畫出你 設計的 降落傘	（畫出降落傘一）	（畫出降落傘二）	（畫出降落傘三）	（畫出降落傘四）

控制 變因	（參考第二題，把控制變因寫在這）*傘面面積、傘面形狀、傘繩數目、降落 傘重量*			
操縱 變因	（參考第二題，把操縱變因寫在這）*傘繩長度（公分）*			
	10	*20*	*30*	
應變 變因 降落 時間 （秒）	（量測一數據） *3.22*	（量測一數據） *3.46*	（量測一數據） *3.99*	（量測一數據）
	（量測二數據） *3.25*	（量測二數據） *3.47*	（量測二數據） *4.00*	（量測二數據）
	（量測三數據） *3.28*	（量測三數據） *3.45*	（量測三數據） *4.01*	（量測三數據）
	（量測四數據）	（量測四數據）	（量測四數據）	（量測四數據）
	（量測五數據）	（量測四數據）	（量測四數據）	（量測四數據）
	（平均值） *3.25*	（平均值） *3.46*	（平均值） *4.00*	（平均值）

五、各位同學，你能將以上操縱變因與應變變因的數據畫成座標折線圖嗎？

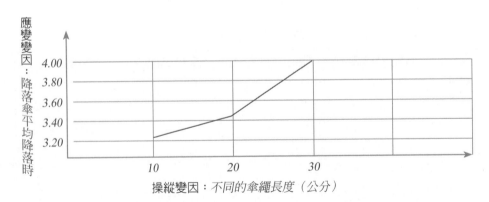

六、根據你畫的座標折線圖，你認為此操縱變因會不會影響降落傘的降落時間？
會
如果會影響降落時間，你可以說明操縱變因是什麼情況下，降落傘降落的時
間會增加？

傘繩長度越長，降落時間越長

以及操縱變因在什麼情況下，降落傘降落的時間是最長的？

本實驗中，傘繩長度 30 公分時，其降落時間最長。

七、在同學上台發表討論的內容裡，有哪些操縱變因經實驗證實會影響降落傘降落時間？

經實驗證實會影響降落傘降落時間的因素：降落傘本身重量、傘面面積、傘繩長度、傘繩數目、傘面形狀（視實際實驗結果而回答）。

八、第七題裡的操縱變因為什麼會影響降落傘降落時間？（挑戰題，不一定要做答，但鼓勵你試著回答喔！）

第七題裡的操縱變因皆會影響降落傘到達終端速度前，垂直軸的合力（包括降落傘本身重力、降落傘所受之空氣阻力），進而影響終端速度的大小，影響降落的時間。（預期高成就生能有此段回答）

學生回饋單

班級：	組別： 第　　組	座號：	姓名：	日期： 　月　日

一、請寫下本次活動的心得至少 100 字，包括學習到的科學知識、技能或是你的學習感受。

二、請在每一個題目右側 1-5 的選項中圈選一個最符合的選項：

	題目	非常同意	同意	無意見	不同意	非常不同意
1	我很喜歡進行本次降落傘的活動	5	4	3	2	1
2	我很喜歡思考哪一些是影響降落傘降落時間的操作變因	5	4	3	2	1
3	我很喜歡思考本次降落傘活動的應變變因	5	4	3	2	1
4	我很喜歡思考本次降落傘活動的控制變因	5	4	3	2	1
5	我喜歡本次降落傘活動過程中的問題解決	5	4	3	2	1
6	我喜歡老師的上課方式	5	4	3	2	1
7	我喜歡老師的引導與講解	5	4	3	2	1
8	我願意多學習與此單元有關的知識	5	4	3	2	1
9	我明白本活動背後的科學原理	5	4	3	2	1
10	我有學習到做科學活動應有的態度	5	4	3	2	1

三、達成的學習目標：

項目	認知目標	情意目標	技能目標	
做到的項目打 v	1. 能知道降落傘的降落原理	1. 具備科學學習態度	1. 能熟悉科學探究（整個降落傘活動）的流程	
	2. 能知道影響降落傘降落時間的因素	2. 能與同學分享完成降落傘的喜悅	2. 能依據規劃好的設計圖，製作出降落傘成品	
	3. 能知道降落傘的生活應用	3. 能提升學習自然科學的興趣	3. 能具備與他人溝通與合作的能力	
	4. 能了解控制、操作及應變變因之間的關係	4. 能欣賞同儕間設計降落傘的優點與缺點	4. 具備善用資源（如提供的材料）以擬定計畫，有效執行的能力	

降落傘活動單元測驗

班級：	組別： 第　　組	座號：	姓名：	日期： 　月　　日

(B) 1. 當降落傘所受空氣阻力越大時，其降落的速度　(A) 越快　(B) 越慢　(C) 不變。

(A) 2. 在同一高度降落的數個降落傘，當降落傘達到的「終端速度」越小時，代表其降落時間　(A) 越長　(B) 越短　(C) 不變。

(A) 3. 不同面積大小的圓形傘面降落傘（降落傘其他條件一樣），自同一高度降落，面積較大的圓形傘面降落傘，其降落時間　(A) 較長　(B) 較短　(C) 與其他降落傘一樣。

(B) 4. 不同重量的降落傘（降落傘其他條件一樣），自同一高度降落，較重的降落傘，其降落時間　(A) 較長　(B) 較短　(C) 與其他降落傘一樣。

(A) 5. 不同傘繩長度的降落傘（降落傘其他條件一樣），自同一高度降落，傘繩較長的降落傘，其降落時間　(A) 較長　(B) 較短　(C) 與其他降落傘一樣。

(C) 6. 小明想探究降落傘傘繩長度是否會影響降落傘降落時間，則下面哪一個選項的實驗設計是正確的？

選項	控制變因	操作變因	應變變因
(A)	降落傘降落時間	傘繩長度	降落傘重量
(B)	降落傘重量	降落傘降落時間	傘繩長度
(C)	降落傘重量	傘繩長度	降落傘降落時間

第五章

STEM 課程的發展史

　　許多科學教師常會在不同的場域聽到 STEM 的名詞，這名詞到底與科學教師或是科學教學有什麼關係？本章節主要目的是介紹 STEM 教學的發展背景，以及其與科學教學的關聯性。

STEM 的緣起

　　STEM 是四個學科領域的縮寫：S 是科學（Science），T 是科技或是技學（Technology），E 是工程（Engineering），M 是數學（Mathematics）。STEM 的發展已經 20 多年，最早並不是使用 STEM 而是 S、T、E、M 等字母的不同排序。爲何 STEM 會蔚爲風潮，主要在於科技的發達對社會的改變。二十一世紀已是科學與技學整合的世紀，許多的職業也隨之進行大幅改革；美國的勞工局指出：未來在職場上與科學、技學、工程、數學（Science, Technology, Engineering, and Mathematics [STEM]）有關的職業將越來越多；相對的，與傳統產業有關的職業將會越來越少。Land（2013）指出在美國歐巴馬任總統的時期，STEM 相關工作機會是其他領域工作的三倍，然而在 20 多年前全美僅 4.4% 的大學生預備好從事這些領域的工作，且美國欠缺具備高科技能力的工作人力。美國總統科學科技顧問委員會（President's Council of Advisors on Science and Technology, PCAST）指出：在下一個 10 年，全美將需要 100 萬個科學、技學、工程以及數學領域的畢業生，來從事與 STEM 相關的職業（PCAST, 2012）。面對未來科技社會所需相關人力日益增加，Honey 等人（2014）也提出需要培養學生在科學、技學、工程以及數學領域發展他們的能力，使其能面對科技社會中所遇到的問題。有鑒於此，美國許多公立學校越來越重視提升教學以強化學生的學習成就，以及他們對於科學與數學領域的職業興趣。爲了讓美國繼續在「科學與技學」扮演國際領導角色，歐巴馬總統主政時期，美國聯邦挹注許多經費於國家科學基金（National Science Foundation, NSF）以及許多的大型計畫，如

Project lead the Way、The Math and Science Partnership。此外美國競爭行動（America Compete Act）於 2007 年成立，強調從幼兒園到博士後的教育投入 STEM 教育的推展。當然還有藝術領域以及媒體領域的投入，使得 STEM 成為各種領域都能爭相參與的潮流。也由於各領域的相繼加入，使得 STEM 有許多的派別以及許多的做法。在此，本書是由科學教育領域的角度聚焦 STEM。

NSF 落實 STEM 的方案有三種：

1. 透過 Project lead the way 計畫，鼓勵前 20% 的學生進入工程、數學、科學與科技領域。另外鼓勵如何提升女性與少數族群學生進入科學與工程領域學習。

2. College Board of Education（CBE，掌管高中生進入大學的機構），則開始規劃高中生修習大學先修課程（Advance Placement, AP）中的工程課程，高中生修習此課程並通過 CBE 的測驗後，日後進入大學可以抵免此科目。CBE 也提出電腦 AP 課程，同樣的修習此課程的學生通過測驗後，能在大學抵免學分。

3. 國小工程教育（Engineering in Elementary, EiE），此計畫由波士頓科學博物館（Boston Museum of Science）的 Dr. Christina Cunningham 主持，此團隊設計一系列幼兒園到國中 STEM 課程教材（包含教案、學生的學習單、材料包），並販售 EiE 課程教材到美國許多州的國小與中等學校，成為非常受歡迎的 STEM 課程教材。

由上面所提及 STEM 發展歷史，以及美國所推動的各種策略，可看出美國在 STEM 課程中鼓勵少數族群與女學生進入 STEM 領域學習上的需求，另外工程的課程會在高中加以推動，工程設計的概念也會在國小、中學推動。

至於臺灣在 STEM 領域的發展，目前在科學領域強調跨領域的教學、探究與實作的教學，以及重視學生的學習表現。在生活科技領域則已在 108 課綱融入工程、科技、設計以及運算思維能力的提升。相信這兩個學科領域（科學與生活科技）已經在課綱中建立很好的基礎，STEM 可以在

臺灣的中小學制式課程以及非制式課程中推動。

　　由於 STEM 是由四個領域結合而成的新領域，因此在這四種學科領域的學者專家，紛紛設計各種活動或是將自己領域的課程加入 STEM 的特色。除了 STEM 之外，後來也有 STEAM，將藝術（ART）融入 STEM 活動中。在本書中我們只提及 STEM，因為當 STEM 的教學重點掌握住之後，再加入其他的元素就能展現 STEM 的特質。

STEM 與美國下一世代科學標準課程

　　提到 STEM 的教學，首先須提到美國科學課程的轉變。自 1996 到 2000 年之間，美國的科學課程除強調探究之外，也重視在課程、教學、評量等面向上建立標準。之後在 2010 年左右，美國國家研究委員會（NRC）再一次地思考科學課程應有的轉變。透過科學、科技與工程領域上所需的科學知識與技能，重新檢視下一個世代所需的科學教育標準，以整合科學教育內容與核心概念。在美國下一世代科學標準（Next Generation Science Standards）（NGSS Lead States, 2013）課程中強調：科學與工程的實務操作（practices）、跨領域概念（crosscutting-concepts）、各領域核心概念（disciplinary core ideas）。此次的課程修訂主要是延續 1996 與 2000 年所倡導的科學探究，只是將科學領域加入工程領域，並將探究改名實務操作（亦有學者翻成實踐），這樣的改變更能貼近學生未來成為公民所需要的能力。不論是實務操作或是實踐，都強調在進行實務操作時能將所學知識應用出來，這也正是科學素養的精神。

　　至於跨領域的概念則是強調在科學領域所進行的探究，有許多的主題可跨越不同的學科領域進行學習，例如：在 2061 計畫（AAAS, 1989）中提出的系統、模型、固定與改變、刻度。在 NGSS（NGSS Lead States, 2013）中所提及的主題包含：

1. 類型（Pattern）。科學的重點在觀察不同事件，進而引導到組織與分類

所探究事物之間的關聯性。

2. 因果關係：反應機制與解釋。科學的主要目的是解釋事物之間的因果關係或是反應機制。而反應機制可幫助研究者進行跨情境的因果關係預測。

3. 刻度（scale）、比例（proportion）、量化關係（quantity）。當研究者觀察現象時，需要知道哪一種的體積（size）、時間、能量才能造成事物之間的關聯性。除此之外，研究者也需要知道改變刻度、比例、數量如何影響系統的結構或是表現。

4. 系統與系統的模型。研究者需要確認自然或是人工的系統的定義與系統的界線。

5. 能量與物質：流動、循環與保留（conservation）。研究者追蹤能量與物質在系統內的進與出，以至於理解系統的可能性與限制性。

6. 結構（structure）與功能（functions）。研究者理解物體或是生物是由許多的次結構與功能所組成。

7. 穩定（stability）與改變（change）。不論是自然的或是人工的系統，其系統的穩定性以及變化或是演化的速度是很關鍵的研究項目。

　　例如：系統的概念，在生物領域有消化系統、呼吸系統、生態系統，在化學領域有化學反應系統等主題，這些不同名稱的系統，其實是有相通的概念。因此當學習者學會特定系統時，也明白系統的概念與界線。當他們遇到其他系統的學習時，能夠自動遷移系統的概念到新的學習中。

　　最後是各領域的核心概念，有關此部分在美國 2061 計畫就提出「在精不在多」（less is more），各學科領域的專家學者一直思考如何將每一個學科領域重要的核心概念教授給學生，使其能掌握核心概念後，日後能運用在生活情境中進而提升生活品質。對美國 NGSS 有興趣的讀者可上 Google 打入「Next Generation Science Standards」找 Home Page/Next Generation Science Standards，即可蒐集許多相關的資訊。

　　對科學課程發展有興趣的教師，也會發現過去數十年來，不論是美國或是臺灣的科學課綱內容，在學科知識的深度上有淺化的現象，但是在

學科應用的廣度上以及能力的培養上日益增多。這種**趨勢**也反映在 PISA
自 2006 到 2025 對科學素養的要求以及題目上。所以科學教師務必掌握，
如何在自己的科學科目中教導學生知識與思考能力，是未來科學課程的
方向。

NGSS 中的實務操作

　　本節主要聚焦在科學與工程的實務操作，在 NGSS 中科學與工程的
實務操作如下：

1. 提出問題（科學），確認問題（工程）。
2. 發展以及應用模型（原型、實物模型、數位模型）。
3. 設計以及執行探究。
4. 分析以及詮釋資料。
5. 運用數學以及計算的思考。
6. 建構解釋（科學）以及解決問題的方法（工程）。
7. 透過證據參與論證的歷程。
8. 獲得、評鑑與溝通所研發出的資訊。

　　由上述的流程可看出在科學實務操作的部分，其實與科學探究的歷
程相似。學生透過觀察生活情境中的事物，提出要探究的問題，這包含假
設、操作變因、應變變因與控制變因的建立。而在工程領域部分則是學生
在生活中遇到需要解決問題的情境，將此問題解決後，可提升生活品質或
是更多人的生活福祉。

　　在第二章我們提到對於模型的意義與說明，模型或是建模的意義是
透過學習者所蒐集到的資料來源，表徵出來建立模型，接著使用此模型解
釋目標或是帶領研究進行的方針。而在探究過程中模型可以是宣稱、公
式、具體的實務模型、電腦動畫模型等等。

　　在發展與應用模型的步驟，則是強調在解決科學探究或是工程的問題

時，需要將所有的思考透過建模與模型的方式呈現出來。學生在設計探究或是解決工程問題時會在其腦海中思考整個問題中牽涉的變因，以及各變因與變因之間的關係圖，透過發展模型或應用模型的方式，例如：可透過繪製設計圖，製作實務模型或是電腦模型等方式展現出來，小組成員再透過模型以便於跟組員們進行溝通討論。特別是在解決工程問題時，往往需要系統化的角度構思整個實務活動的規劃，因此發展與設計模型（特別是設計圖的製作）就扮演非常重要的功能。

在設計探究活動與執行探究活動階段，與前面章節所提到的探究教學步驟相同，主要是設計探究或是解決問題的流程與步驟，以及規劃要蒐集的資料，以便跟小組的組員一起分工合作達成目標。

在分析以及詮釋資料的階段，則是透過探究歷程中所蒐集到的資料建立表格，透過繪製圖表的方式或是統計的方式（平均值、標準差、T 檢定）加以分析，或是透過曲線圖看到發展趨勢，並將分析資料的結果進行解釋。在解釋的過程中，過去十三種科學過程技巧的「推論」就應用上了。在許多的科學研究或是科教研究中，有深厚研究背景的人，在詮釋發現時會有更深的洞見。至於高中、國中、國小學生則鼓勵他們將資料轉化為證據，透過這些證據支持自己小組的宣稱。在自然科學領域有許多的科目無法直接進行實驗，而須仰賴資料庫的資料，這時候學生就更需要訓練資料分析與詮釋的能力。PISA 2015 至 2025 測驗所強調的素養，在此面向的要求甚高。

運用數學以及計算的思考階段，則是強調解決科學的或是工程的問題中，需要數學的參與，除了運用數學的基本運算之外，也可運用運算思維（computational thinking）透過程式設計，解決科學與工程問題的過程。特別是在高中、國中、國小的探究或是工程活動中，往往需牽涉到 X 軸與 Y 軸之間（操作變因與應變變因）的關係，因此非常需要透過數學，觀察變因間的關係類型（例如：一元一次方程式、一元二次方程式等等）。

建構解釋（科學）以及解決問題的方法（工程）階段，則是透過上述

探究的過程所獲得結果，提出科學探究問題的解釋，或是針對工程領域所遇到的問題，找出解決問題的方法。

透過證據參與論證的歷程階段，主要是小組的組員將探究的結果寫出後，與其他小組組員溝通，提出自己小組的宣稱（研究的重要發現，或是解決問題的成果），再提供具有說服力的證據支持自己小組的宣稱。另外當別組組員對自己小組的宣稱提出質疑時，如何透過證據回應對方質疑的歷程。主要的用意是訓練學生在提出宣稱時能提出具體的證據，且這些證據是具有說服力的（嚴謹、客觀的數據與證據）。當學生在資料蒐集的過程中，如果不嚴謹或是數據不具說服力，在論證的過程中就無法持守自己小組的宣稱，而很容易被其他組組員反駁到立場被推翻。許多教師可能擔心國小學生無法進行如此嚴謹的論證，但研究結果顯示，國小學生經過論證教學，他們的論證能力可被提升（靳知勤等人，2010）。

最後在獲得、評鑑與溝通所研發出的資訊階段，主要在幫助各小組的組員將探究的歷程或是問題解決的過程，能按照一定的要求或是規矩呈現出來（口頭、書面）。例如：一般的書面或是口頭的報告包含問題、假設與變因、實驗設計、資料蒐集、資料分析、研究結果。許多教師有帶領學生參加科展的活動，在報告呈現時有一定的要求，讓讀者能透過系統化與結構化的方式看到結果。另外在評鑑所研發出的資料部分，各組學生除了相互評鑑其他組員所呈現出的探究議題、設計、資料處理與發現的展現之外，亦可針對這些過程提出批判性的建議。除此之外，小組組員也可針對自己小組的整體探究歷程，或是問題解決的歷程，提供檢討與改良設計的反思。這種反省思考能力有助於學生下一次遇到問題時，在解決問題的過程或是探究的過程能更加的熟練。PISA 2025 年的科學素養也會要求學生判斷題目中針對議題所進行的探究設計，是否需要加以改善，以便能確切評量學生是否能針對問題進行問題解決之能力。所以學生不僅要會探究，同時要會判斷探究的方式是否合宜及妥適。

上述對於 NGSS 的實務操作論述內涵，是晚近科學教育領域研究的

重點，也是 STEM 教學的重要依據。

Ｓ、Ｔ、Ｅ、Ｍ 的本質

當教師們進行 STEM 教學時，筆者建議先思考各學科領域的本質，因為 STEM 的教學會時常運用到這些學科領域的本質。當教師們理解這些學科的本質時，在進行 STEM 活動中就能掌握重點進行教學。論及與科學、技學與數學領域有關的整合，可追溯到美國的 2061 計畫（AAAS, 1989）。在 2061 計畫中，特別提到在時代變遷下，學生必須具備科學素養以及明白科學、數學與技學的本質。以下依據 2061 計畫以及 Moore 等人（2014）對工程領域本質的介紹進行說明。

科學的本質

如同第二章之「科學本質與探究教學」在科學本質部分分為三類：科學的世界觀、科學的探究以及科學的企業。在科學的世界觀領域：學生須明白物質的世界是可被理解的、科學的知識是能持久的，以及科學無法完全解釋所有的問題。在科學的探究領域（scientific inquiry），包含科學需要證據、科學融合邏輯與想像、科學在解釋與預測事務、科學家試著找出與避免偏見，以及科學不是權威。在科學企業領域：科學是複雜的社會活動，科學被組織成不同的學科領域，並在各種機構中執行，在進行科學時有一些基本的倫理規範需要遵守，科學家參與社會公共事務扮演著專家以及公民的角色（AAAS, 1989）。

數學的本質

一般人常以為數學只是計算，其實數學的本質非常的豐富，以下列出 2061 計畫（AAAS, 1989）所提及有關數學的本質部分，計有數學的特質

以及數學的歷程：

1. 數學的特質：

- 數學是探討類型（pattern）與關係（relationship）的科學，這些類型是針對抽象的事物而言。
- 數學與各種領域的學問息息相關，是應用科學來解決日常生活中的事情。
- 數學是科學中的主要語言。
- 數學與科學有些性質相通：可理解的次序、想像與邏輯的交互運用、誠實與開放、同儕評論、創新的重要性。

2. 數學的歷程：

- 用抽象化的方式呈現一些事物。
- 藉由邏輯規則操作抽象符號，以便了解新的關聯。
- 了解新的關聯對原始事物是否有用。
- 利用符號來表徵抽象事物。
- 數學的探究乃根植於基本的想法與規則。

　　上述所提的數學本質中可看出，數學可培養學習者的邏輯思維能力，以及抽象思考能力，因此它並非僅止於計算能力。在 108 課綱中使用計算機的主要目的是超越數學計算的限制，讓更多的思考能力能在數學學習中被開發。

技學／科技的本質

　　一般人常會認為技學是指使用 3C 產品，但是在 2061 計畫（AAAS, 1989）中，技學／科技的本質如下：

1. 科學的原理可應用在技學上；技學的產品能增進科學的研究。
2. 科學的目的在探究大自然現象；技學的目的在解決生活中的實務問題。
3. 技學中強調系統，各個系統是由次系統所組成。
4. 世界上沒有完美的設計，因此要強調各系統之間需要如何妥協。

5. 設計系統的過程，需要不斷的檢驗與測試。

6. 每一個系統中，需要加入控制與回饋。

7. 科技產物有些附屬效應是需要考量的。

8. 技學需要考量投資報酬率的評估。

上述技學的本質分為技學與科學以及技學與社會。在技學與科學部分：技學引自科學也貢獻科學；工程包含科學的探究與實務的價值；工程的本質是在限制的範圍下進行設計；所有的技學包含控制；技學經常有副作用，所有的工程系統可能會失敗。技學與社會：科學系統與社會系統有強烈的交互關係；社會系統強調（在技學領域的開放度上）一些限制：決定是否使用技學的過程是非常複雜的（AAAS, 1989）。

這些技學的本質對於科學領域的教師相對陌生，基本上技學是科學知識的應用，強調解決生活中面臨事物的問題。而技學產品的產出需要考量現實的因素，例如：成本效應與投資報酬率等因素，反觀科學的研究較少涉獵投資報酬率的議題。

每一個科技的產品都由各個子系統所組合而成，而各子系統之間的如何配搭與妥協是科技領域思考的範疇。這種系統與次系統的特質運用在運算思維的學習非常有幫助，另外在 STEM 解決問題的過程中，也能幫助小組學生如何地將任務分為不同的系統加以分工解決，再整合成一個完整的作品。

科技的產品可增進科學研究，就如同機器人、機器手臂的創造，能幫助科學家透過機器人探索火星、透過機器手臂進行高溫或低溫等情境的資料蒐集。對於科技（技學）的理解有助於教師進行 STEM 教學，以及結合生活科技的領域進行 STEM 教學。

工程的本質

工程領域是 NGSS 在制定新的科學標準課綱中，特別邀請工程領域的專家學者加入，一起制訂而成，因此在 2061 計畫中並未提出工程本質。在晚近的學者專家中以 Moore 對工程教育的重點論述最具代表性，Moore

等人（2014）透過大量文獻的分析以及實證性研究的支持，指出 K-12 有效的工程教育須包含下列的內容：

1. 設計的歷程，包含問題與背景、計畫與執行、測驗與評鑑。
2. 應用科學、工程與數學。
3. 工程的思考。
4. 工程師與工程的概念。
5. 工程工具。
6. 議題、解決方法以及影響力。
7. 倫理。
8. 團隊工作。

　　Feder 等人（2009）指出在美國的 K-12 年級工程教育須強調工程設計，以及工程師如何地確認問題與解決問題。其次是工程教育需要融入合宜的數學、科學以及技學的知識與技巧。最後是工程教育需要強化工程的思維習慣，其中包含系統思考、創造力、最佳化、協作、溝通，以及倫理的考量。

　　Smith（1988）定義工程為一個歷程，工程本質中設計的歷程非常的重要，此歷程由確認需求到完成成品，重視綜合的能力而非分析能力。因此工程的本質運用在高中、國中、國小的教育主要強調其設計歷程、團隊工作，以及解決生活中的真實問題。其他的特質其實與技學的本質有許多相似之處，例如成本效益、限制性等特質。

　　當教師們熟悉各學科領域的本質後，教師們可反覆地思考，這些本質如何地運用在 STEM 教學中。國內科技領域 STEM 專家范斯淳與游光昭（2016）指出由 STEM 素養的角度而言，科學方面重視科學知識與概念的發展、探究能力的培養；技學的培養重視使用、管理、評鑑技學的能力；數學的部分，重視引導學生判斷與理解數學在生活中的角色；工程方面重視整合運用材料、工具、技術與數理知識，透過設計歷程發展科技產品。這些想法能夠幫助教師如何有彈性地融合 STEM 的特質在自己的跨領域 STEM 教學中。

STEM 教學模式

由於 STEM 的領域非常的新穎，未來也會持續的影響國際的科學課程以及科學教育。因此有許多學者專家引用不同的教學策略，或融入不同的 STEM 本質來達到 STEM 教學目標。在美國有許多學校想成為 STEM 認證的學校，因此在學校整體的課程設計以及教學模式上會有下列四類模式：「S-T-E-M」、「sTEm」、「⟨stm⟩E」和「STEM」（Dugger, 2010）。大寫的英文表示這是重要的領域，小寫的英文表示這是輔助的領域。以下將分別說明。

1. 「S-T-E-M」模式：此模式，四個英文字都是大寫，且中間是由「-」連結。表示科學（S）、科技（T）、工程（E）和數學（M）等學科是獨立授課，彼此之間的連結不多，主要是透學生自行連結四個領域的知識與技能，自行運用出來。這種教學模式並未能凸顯 STEM 的教育理念。

2. 「sTEm or Stem etc.」模式：此模式表示在教學中以一個學科或是兩個學科為主，其他為輔的教學模式。例如：以科技、工程學科為主（sTEm），科學、數學學科為輔，或是以科學為主，其他三個學科為輔（Stem），等方式。

3. 「⟨stm⟩E」模式：將一門學科融入於其他三門學科中進行教學，例如：將工程的知識融入科學、科技或數學的課程中。此模式重視跨學科整合，能幫助學生理解不同學科之間的關聯性。

4. 「STEM」模式：四個學科整合成為一體的教學模式。工程是整個活動的主軸，在活動中將科學、科技和數學的知識融入其中，是最能達成 STEM 教育目標的教學模式。

除了上述的課程模式之外，在教學法上則主要為下列的方式：

1. 問題為主，或是議題為主的教學法（Project-based or Problem-based Learning）（楊坤原、張賴妙理，2005）。在理工領域以及醫學院的教授非常喜歡採用 PBL 教學，因為此種教學提供非常寬廣的空間讓教學

者發揮。教師引導小組學生找到一個議題，接著一學期或是一段時間讓學生分組自己找尋資料，來解決此議題中所產生的相關問題並提出解決的方案。例如：教師提供一個情境：臺灣降雨量越來越低，如何讓水能再利用的有效方法，就可以是一個問題或是議題為主的教學。接著各組學生自己找策略、方法與資料，教師定期督導學生，在一段時間後，各組同學報告其省水的方案與省水的成效。在這樣的活動中教師們假設學生一定會涉獵科學以及科學之外的學科領域，因此很自然地就符合廣義的「STEM」教學。

2. 6E 教學模式，也就是科學教師非常熟悉的 5E 教學模式再加入一個 E（工程）所形成的教學法（Burke, 2014）。6E 教學模式包括參與（Engage）、探索（Explore）、解釋（Explain）、工程（Engineer）、深化（Enrich）及評鑑（Evaluation）等六個階段的教學模式。每一個階段的目標如下：

(1) 參與：激發學生的學習興趣，確保他們投入與參與實際活動。

(2) 探索：讓學生建構實作活動主題的理解，為後續討論提供基礎。

(3) 解釋：引導學生掌握先前學習的知識並重新思考其內容，並應用於解決問題。

(4) 工程：提供學生深入理解實作主題的機會，將學習到的概念應用到日常生活，以加深對主題的了解。

(5) 深化：鼓勵學生挑戰自我，應用所學解決複雜問題，深化學習經驗。

(6) 評鑑：採用多元評量了解學生在實作活動中的實際表現，並持續改善教學設計。

許多科技領域、工程領域或是生活科技的教師喜歡使用 6E 教學法進行 STEM 教學（周惠柔、林弘昌，2018；范斯淳、游光昭，2016）。例如：范斯淳和游光昭（2016）發現 STEM -6E 教學以「工程設計」為核心，以科技為輔，並透過科學的「探究思考」給予概念的支持，數學則作為「分析」及「溝通」的橋梁。

3. EiE（Engineering in Elementary）教學法，由 Cunningham 等人（2020）

所研發而成的 STEM 教材與教法。EiE 的教學法包含下列的步驟
（Cunningham et al., 2020）：

(1) 確認問題：在生活情境中找出具體需要解決的問題。

(2) 蒐集資料：為了要理解問題的背景以及製作出產品，進行相關資料
查詢的任務。

(3) 想像：透過資料查詢後，與小組組員共同想像問題處理的方法，並
將所欲設計的成品透過設計圖繪製出來。

(4) 計畫：透過想像所繪製出的成品設計圖，思考與規劃之後的成品製
作的流程。

(5) 製作成品：依據教師所提供的材料進行成品的製作。

(6) 測試成品：成品製作好之後，需要經過測試，檢驗此成品的功能是
否達到要求。

(7) 改善成品：透過測試的結果，可找出成品需要改善之處，改善成
品。透過不斷的測試與改善，最後在時間的要求下完成成品的製作。

(8) 溝通表達：將整個設計與製作的過程寫出，書面的表達以及口語表
達成品設計的歷程與成效。

由於 STEM 強調工程設計的歷程，因此在 EiE 的製作過程中，學生
獲得相關的 STEM 領域知識，或是教師在小組成員溝通表達後，說明整
個活動所需要的相關科學知識，當學生具備了更豐富的知識後，激發他們
進行下一輪的設計歷程。換言之，再一次地進行步驟 (1) 至 (8) 的過程。

在 Cunningham 等人所設計的 Engineering in Elementary（EiE）課程
中有下列的特色：(1) 課程的設計開始於一個故事的情境，向各種背景的
學生呼籲求助；(2) 學生運用工程設計歷程；(3) 工程問題的挑戰包含問題
的確認，以及限制，建立解決方案時需要考量交換代價（trade-off）的議
題；(4) 學生運用科學與數學知識來解決問題；(5) 學生分析所蒐集到的資
料，並經歷不斷的失敗，以及修正失敗的設計歷程；(6) 學生必須要不斷
的與小組成員協商、討論、合作共同解決問題；(7) 鼓勵學生們進行創意
思考，腦力激盪，想出多元的想法以及可能的解決方案；(8) 教師引導學

生，鼓勵他們運用過去的知識，激發他們的反思能力，並示範工程的思考與實作。Cunningham 等人（2020）所設計的 EiE STEM 教學歷程想法與另一位 STEM 著名學者 English 相似。

English 等人（2017）提出 STEM 的課程應包含眞實問題的界定（問題的範疇、目標、情境、限制、可行性，團隊合作）；創造想法（形成與分享想法，考量策略，發展計畫）；設計與建構（勾勒出一些設計的想法，轉換成模型，解釋設計，預測可能的成果）；評估設計（檢核限制，測試模型，評估目標的達成）；重新設計以及重新建構（回顧第一次的設計，勾勒第二次的設計，轉換設計到模型），再轉到問題的界定，一直進行設計與再設計的循環歷程。English 等人（2017）認爲強調建模以及工程設計的遞迴歷程，是 STEM 課程很重要的元素。

依據筆者的觀察以及教學經驗，發現依據 EiE 的教學模式所進行的 STEM 教學較能凸顯 STEM 教學特質，以及學生需要培養的知能。因此下面的章節將採用 EiE 的教學模式進行教學活動的設計。

結語

透過本章的介紹，可看出 STEM 的崛起是由於科技的改變影響社會上對於職業的需求，也影響國家所要培養的未來公民需要具備哪一些的能力。透過 NGSS 可看出科學實作（亦即科學探究）與 STEM 的關聯性。其次透過 STEM 的教學，也可看出科學探究與 STEM 教學的密切關係，以及如何達到跨領域的探究教學。科學教師可多熟悉工程設計的歷程來進行 STEM 跨領域教學。

第六章

STEM 教學的特色

　　由前一章節介紹 STEM 課程的發展歷史後，本章節主要說明 STEM 教學中每一個階段的特色。在介紹 STEM 教學的過程中，教師們可體會這些步驟如何凸顯工程設計的歷程，以及工程的本質。

STEM 教學的步驟

　　首先，STEM 教學主要是解決人類生活的議題，透過 STEM 的教學讓人類的生活福祉提升（包含個人的、社區的，到世界的福祉）。因此教師需要由生活中找到需要解決的議題，讓學生感受到解決此議題的成果，就是能讓自己的生活福祉提升。

　　當教師準備好生活議題時，學生需要進行分組，基本上越能進行異質性分組效果越佳。筆者在大學進行 STEM 教學時，會依據不同學科背景的學生進行分組。而在中小學由於學生學習的科目均相同，因此可依據學生的興趣、專長加以分組。例如：喜歡自然科探究學習的同學須分散在各組中，或是喜歡動手做活動的學生，在各組中也需要有此類的同學。

　　當教師提供議題讓學生進行 STEM 學習時，各組的組員需要密切的配合，一起分工合作，分工的領域會比科學探究更廣一些，例如：有些同學負責查資料，有些進行操作，有些進行設計圖繪製等等。透過小組成員在不同專長上的分工與合作，能更有效的進行 STEM 學習。

　　在 STEM 教學中，當教師提供一個議題的情境，每一小組確認要探究的問題。之後，各組需要大量的蒐集網路上的資訊，確認自己小組要製作的產品，透過組員的想像以及討論好要設計的產品後，需要將設計圖設計出來。而設計圖（相當於建製模型）設計得越仔細與縝密，表示這一組組員的思考是精細與完善的。

　　當各組的組員設計好成品之後，此時，教師可利用世界咖啡館的方式，讓兩位組員留守在原小組，另外兩位組員透過順時針的方式，拜訪下一個小組。留守的組員對於參訪者進行自己小組設計理念的說明，參訪者

則提出相關的疑問。當參訪時間到時（一般是 3 分鐘到 5 分鐘），可進行下一組的參訪。教師可依據教學時間的多寡決定兩輪或是三輪的世界咖啡館參訪。世界咖啡館結束後組員回到自己的小組，因為每一組有參訪別組，蒐集到許多的意見，以及被參訪時其他組員對自己小組的意見。這些多元意見蒐集後，小組同學可依據這些意見，討論自己小組原先的設計圖是否需要加以改良，以及如何地改良。

在學生討論改良方案之後，教師開始進行下一個活動：計畫成品要如何地製作與測試。在製作的過程中，教師會提供材料給全班學生。為了幫助學生理解生活中的解決問題有現實的考量（例如：有限的經費或是成效），因此建議教師對於每一份材料都標上價錢，且給每一組製作成品的經費，使得學生需要精打細算，自己要如何地購買材料，才能在最省的狀況之下製作出成品。此一標價的活動，在筆者進行 STEM 教學時獲得許多學生與教師的回響，認為這個策略有助參與活動的學生訓練三思而後行的習慣。在材料標價的策略下，也有教師採用回收的概念，當某一小組買了過多材料，想轉賣給別組時，他們可將剩下的材料標價，放在一個公共區域等待其他小組購買，或是送到公共區域給別的組使用。這些策略均能讓學生學會節約、回收的概念。

小組組員製作出成品後，需要進行測試，這時教師須提出學生測試的要求標準，例如：船承載重量後能在水中浮一分鐘；空拋物能承載至少 15 克重的物品，且下降後物體沒有破損等標準。

許多學生在進行測試時，大多是進行一次或是兩次，例如：看看物體表面有沒有破損，或是物體有沒有沉入水中即測試完畢。這時候，教師須提醒學生在測試時須用精準的方式測試，並有準確的多次紀錄結果，來說服其他小組相信自己小組的成果。

最後小組的組員將測試的結果進行成品的改良，這時有些小組會改良得很精確，有些小組則會認為差不多即可。教師在這些狀況下，可依據不同組別的特質，透過不斷的提問與鼓勵，激勵小組組員願意改良其成品。

成品改良與測試的過程需要記錄研究的結果，因此教師須事先設計好

學習單，讓學生將設計的過程記錄在學習單上。

　　最後是溝通分享，每一小組的組員需要將生活中所需要解決的問題，所設計與製作出的成品，成品的功能與特色如何解決生活問題，測試出的結果如何讓眾人信服等，呈現在全班同學面前，並接受同學的提問與質疑。最後教師可在全班面前說明本次活動的目的以及要培養學生的能力，教師亦可說明本次的活動所包含的科學概念，讓學生獲得相關的科學概念後，可進行下一輪的活動設計步驟。

　　依據筆者的 STEM 教學經驗，學生對於相同的活動要進行再設計的意願偏低，他們對於成品能達到一定的滿意程度就很滿足，不見得想繼續的求精進。因此要讓同學願意進行第二輪的設計歷程，必須增加活動新的挑戰。因此當教師設計下一個循環的設計活動時，活動的難度需要增加，這時學生就有動力繼續地針對相同的議題進行設計與參與。

　　在進行 STEM 教學活動時，教師需要到各組巡視，主要是要確認每一組的同學是否在進行活動中卡住了，而需要解套。對於大學生而言，剛開始進行異質性小組互動，學生需要花時間認識彼此的專長，學習合作的默契。對於中小學生而言，因為都在同一班級一起學習許久，因此在彼此的熟悉度上較無問題，但是在分工合作上仍需要教師到各組的巡視與提點，方能讓所有的小組組員參與學習。透過筆者與團隊的教學經驗顯示，小組組員必須參與活動才能進入學習的狀態。而小組組員參與度越高，則小組製作出的成品會較佳。因此如何督導學生均參與 STEM 活動的進行扮演很重要的角色。

　　最後是發掘與鼓勵，教師在巡視各組的參與時，要能觀察每一組組員的參與度，以及每一位組員所展現出的特質。例如：組員有以下的特質：繪圖能力很好；標示設計圖的內容很仔細與精確；創造力佳；資料蒐集或是由別組吸收經驗的能力佳；操作能力佳；溝通協調能力佳等等。在 STEM 活動中，教師更能夠開發不同學生的潛力與特色，透過教師的口頭讚美，鼓勵這些學生在科學課程中繼續操練這些潛力，也鼓勵他們肯定自己的潛力，因為未來可在職場上進行發揮。

　　如果教師是在大學進行 STEM 教學，則在跟小組組員溝通時，可特別針對學生就讀的系所學科本質進行討論，主要的目的是讓學生知道自己所學的科目對於 STEM 的學習均有所貢獻，而非 STEM 一定只有科學或是科技領域的人才能進行。許多非理學院或是非工學院的學生，常誤認自己無法勝任 STEM 活動。其實，STEM 活動是人人均可進行的，主要取決於學習者要相信自己是有能力的人，自己的學科領域與其過去的生活經驗，能幫助他們從事 STEM 活動，並能獲得成功。否則學生會成為 STEM 活動的觀察者而不參與活動。如同前面所述，小組組員的參與度，對於學生的 STEM 成品影響非常的大，因此教師需要關注每一組的組員是否都投入小組的活動中。

　　至於如何幫助各組的組員投入，有幾種方式，首先是訓練小組長，請小組長進行小組組員的合作策略，鼓勵與讚美各組組員的投入與貢獻。當小組有不同意見時，小組長能透過共同商討的方式解決組員的紛爭，並達到小組組員的共識。另一個重點是在進行活動中，可能組員的特定能力需要加強，此時教師可教導每一組的代表組員這些能力，再讓他們回到小組後教導其他的組員。這樣透過共同學習的方式，讓小組的成員能將任務達成。最後每一小組組員的優點可公開讚許，對於需要改善的弱點則私下教導。主要的目的是讓學生知道自己的學習有強項與弱點，培養他們有健康的自我概念，願意貢獻自己的優點，也承認自己的弱點，欣賞別人的優點，而願意在學習的過程中讓自己的能力越來越卓越。

　　另外在教學中須注意的事項是，在 STEM 教學後所創造出的成品需進行全班評比時，教師可先提供學生評比的標準，讓學生透過評量表對每一組的成品進行評比，最後透過這些評比選擇最好的作品。當然所謂最好的作品，可依據評分的向度的總分給予不同名目的獎項，例如：創意獎、實用獎、最實惠獎等等。

　　STEM 的活動如果時間足夠，可讓全班同學對其小組的成品進行宣傳，例如：我們小組的觀光船最好，因為我們的船最時髦，最有創意，且行駛的時間每一秒 10 公分等等。接著教師可將各組的重要結果展示在黑

板上或是螢幕上，當教師進行票選時，可讓每一位同學投兩票，但兩票不能只投同一組，這樣可避免學生只投自己的小組，而是還會選取其他小組。

當全班學生投票完之後，教師可跟學生一起討論 STEM 的任務，例如：要觀光船慢慢直線行駛且價格便宜，其實是有一點兩難。因此投票的結果可讓教師跟全班同學討論，在思考 STEM 的活動時，往往是與生活情境與社會議題有關，這些社會的議題在解決的過程中需要進行妥協，並須考慮現實的因素。因此投票的結果不會是最完美的結果（價格便宜，船直線行駛又慢，船的造型又好），而是全體投票者抉擇中最適化的結果。最後教師可依據投票的結果，解釋最適化的意義。

結語

本章介紹 STEM 的教學活動歷程，非常強調活動的本身是與個人、社會／社區、全球議題有關。在 STEM 教學活動中首先要確認議題且議題具備兩難的情境；要讓學生搜尋資料、練習設計，以及時常與他人分享與互動；執行活動的過程是有限制的（時間或是經費）；學生也需要常常考量最適化（optimal）的觀念；整個活動的進行有工程設計的遞迴歷程。這些是進行 STEM 教學須注意的事項。有些科學教師在進行 STEM 活動時，非常的重視科學知識的傳授，因此整體活動的設計全部放在科學知識的傳授與應用。有些科學教師認為所謂生活中的議題，也只是傳統的生活情境應用而已。這樣的思維方式會限制 STEM 教學的特質。建議教師在構思 STEM 教學議題時，可擴大到社會或是全球議題的連結與規劃，這樣比較能將 STEM 的特質凸顯出來。

第七章

STEM 教案設計與範例

前面的章節有提及 STEM 是由科學（S）、科技（T）、工程（E）、數學（M）等領域的結合，屬於跨領域的學習。因此有許多的研究學者或是科學教師認爲只要有兩種領域或是三種領域（例如：STE、STM、SEM、TEM 等領域）的結合，就是 STEM 的教學。這些百家齊放的理念，創造出各式各樣的 STEM 教案。

本章節主要的目的是依據前面章節 EiE 的 STEM 教學流程：強調工程設計歷程，強調個人、社會、全球的議題，強調進行解題過程中跨領域的內涵特色，一步步的說明如何進行 STEM 教案設計。也透過這些步驟，說明如何修改教師們所設計好的 STEM 教案。

STEM 教案設計的步驟

步驟 1：STEM 的教案設計最重要的步驟在生活議題的開發。因爲一個好的 STEM 議題，就可以不斷地延伸出許多不同深淺程度的 STEM 教案。而好的議題的開發如同前面章節的探究教案設計，須在個人生活、社群／社會、全球議題中找尋。只是探究問題強調的是滿足探究者的好奇心，而 STEM 的議題則重視解決生活、社群、社會，或是全球事物，使得人類的福祉會變得更好。

舉例而言，在個人的需求上，教師可思考每一個學生都要背背包上學，或是購物、攜帶物品等等用途。因此設計一個背包，能放置最多的物品，重量可承重 5 公斤，整體體積小，背起來很舒服，就可以成爲 STEM 的議題。在社群或是社會上，臺灣前幾年常有缺水的問題產生，因此如何將汙水回收，是一個可以進行 STEM 的議題。聯合國永續發展目標（Sustainable Development Goals, SDGs）是聯合國透過《2030 年永續發展議程》所確定的十七項目標，旨在解決全球性的環境、經濟、社會問題，並提出具體的解決方案，爲的是要貫徹聯合國建立和平、安全、繁榮、公正世界的使命。這十七項目標可作爲 STEM 在重視全球 SDGs 永

續發展目標裡面所倡導的項目（葉新誠，2017；UNESCO, 2017），例如：「SDG 2 消除飢餓」：確保糧食安全，改善營養，促進永續農業；「SDG 6 淨水及衛生」：確保水資源與衛生的永續管理使得所有人都能享有淨水與衛生；「SDG 7 可負擔與清潔的能源」：確保所有的人都可取得負擔得起、可靠的、永續的及現代的能源；「SDG 12 負責任的消費及生產」：確保永續的消費與生產的模式；「SDG 13 氣候行動」：應對氣候變遷與其所造成的影響，採取急迫的行動；「SDG 14 保育海洋生態」：保育及永續使用海洋的資源；「SDG 15 保育陸域生態」：保護、修復與強化永續使用陸域生態系，永續的管理森林，停止土地荒漠化、劣化，以及確保生物多樣性等目標。上述的永續目標中可提供相關的議題進行 STEM 課程的設計。在 PISA 2025 對科學素養的定義，也開始重視環境議題的重要性，強調培養學生的環境科學能力。由此可見，未來教師需要透過永續環境的營造，加強學生在環境議題上的科學素養。

　　教師選擇好議題後，接著需要將這些議題透過新聞、媒體資訊呈現給學生，讓學生覺得解決此議題是一件非常重要的活動。例如：教師提供許多的新聞，報導國小學生的背包非常的重，體積非常的龐大。如何幫助小學生設計輕巧造型且容量大的背包，是一群媽媽顧客的需要，因此我們如何達成此任務，請同學幫忙設法解決。STEM 任務的要求會刻意營造衝突的條件，例如：容量大與輕巧造型，有一點相衝突。這種衝突的條件主要是讓學生在進行 STEM 活動時體會最適化的意義，因為在真實情境中沒有最完美的結果，每一種的結果都是在既有的條件下，進行最適化的發揮。這一點在 STEM 教案設計中扮演很重要的角色。如果沒有生活議題的設計，以及衝突要求的條件，STEM 活動會與一般動手做活動或是探究活動沒有太大的差別。

　　步驟 2：提出生活情境議題的任務後，下一個步驟就是教師需要思考材料與經費的議題。因為在真實情境中，每一項工程活動的材料都需要花費，且所有工程花費的總數都有一定額度的限制。因此教師要思考在此 STEM 活動中須提供學生哪些材料，這些材料如何計價。例如：教師提供

不織布給學生製作背包，不織布每一尺（30 公分）開價多少錢；學生須使用針線、訂書針、黏膠等縫合不織布的物品是否需要標價。至於裝到背包內的物品，例如：書的大小用哪一種東西替代，每一樣物品多重，體積多大等等的細節，使得 STEM 活動能順利的完成。當教師思考完成此任務（背包製作）所需要的所有物品與材料時，也須規劃要提供多少經費給學生，讓他們購買材料或是物品以達成任務。

　　建議教師自己先試作看看，這樣才能確認在進行背包製作活動時，需要給學生多少的經費。經費的提供要剛剛好，不可太多或是太少，使得學生必須精打細算才能購買材料，完成任務。如果教師所提供的經費太多，學生就不會操練精打細算的能力。

　　步驟 3：當教師思考好經費與材料後，下一個步驟就是要求學生查看網路資料。此時教師可自己先上網查看相關的網站，找到背包設計或是背包圖片，如果教師知道有哪一些的網站很好，可記錄下來提供學生建議。

　　步驟 4：教案設計的第四步驟，是要求學生繪製出背包設計圖，例如：背包造型、背包內部的構造、背包帶子的形狀與長短。這些設計圖的繪製可幫助學生將其腦海中的想法表徵出來（建立模型），當學生的設計圖繪製得越仔細，例如：長、寬、高、正面、背面、側面、背包內部等等的圖形與標示很清楚時，這也表示學生們的思考非常的縝密。

　　步驟 5：設計圖設計好之後，教師可採用世界咖啡館的策略，每一組如果有四位同學，兩位留守小組，另外兩位同學朝順時鐘的方向，參觀下一組的背包設計理念，留守原小組的同學，則負責說明本組的設計以及回答與記錄其他組的參訪員的提問。這樣進行兩輪到三輪小組相互參訪的世界咖啡館活動之後，所有組員回到自己的小組。大家將所蒐集到的意見（參訪別的小組、被參訪時參訪員的提問與建議）加以整理與討論，最後決定自己小組的原先設計是否需要修改以及如何的修改。世界咖啡館的活動為何重要？原因在於現實世界中，所有的設計者在設計的過程中，需要大量的蒐集相關的資料，不斷的溝通討論與獲得建議，再不斷的修改原先的設計圖，達到最妥適的設計。因此將這種特色加入到 STEM 教案中，

從資料的蒐集、畫設計圖，到世界咖啡館的步驟，都是幫助學生蒐集多方面的意見，修改自己的設計圖，同時也體驗在眞實世界中工程設計歷程的特質。

步驟 6：當各組的組員修改好設計圖之後，他們要構思策略與步驟如何完成所設計出的背包任務。這時候學生需要依據教師所給的費用額度，先思考要買的材料或是物品的數量，完成背包的製作。在製作過程中，各組同學需要分工合作，讓小組同學在製作的過程中填答學習單的問題。

步驟 7：製作好的背包，需要加入物品於背包內，進行重量的測試以及肩部壓力測試。學生在進行測試時，需要進行數次，取平均值方能完成任務，也可錄影或是照相確認其測試的結果。測試的資料需要記錄在學習單內，作爲成果發表的證明。

教案設計中需要讓學生將測試的結果記錄在學習單上，學生一面測試，一面修改其成品。有必要時，也會牽涉到設計圖的修改。這是一個來來回回的遞迴歷程，也是工程設計歷程的特色。修改好成品後，小組同學須填寫完學習單，並準備進行口頭的報告。

步驟 8：最後教師讓各組學生在全班展示成果，並進行口頭報告。接著全班同學票選最佳設計獎、最佳承載重量獎，以及最願意購買獎。各種獎項可由教師自行設計，或由全班同學討論出要有哪一些的獎項。主要的目的是讓學生能體會出 STEM 的票選可由多面向因素進行考慮，不是只看單一的結果進行判斷。

步驟 9：票選結束後，教師跟學生分享此 STEM 活動的意義，以及各學科領域的重要概念。最後要求學生依據今天的活動，反省檢討自己小組的設計，如何地加以改良。爲了讓學生體驗工程設計過程中的再設計歷程，在下一次的活動時，教師可要求學生設計能背更重的物品（如 6 公斤）但容量更小的背包，營造更高的挑戰，讓學生再一次的進行 STEM 設計歷程。這樣兩輪的設計歷程體驗，學生對於 STEM 的特質，以及要達到的能力、學習到的知識及知識的應用，感受更加深刻。

　　步驟 10：當教師設計完整個 STEM 的教案流程後，下一個步驟是思考學習單要如何的設計能配搭教案的流程，讓學生能按照教師教學的流程以及學生學習的歷程，將學習的整個歷程記錄下來。學習單的功用除了讓學生的學習歷程能展現出來，也能讓教師蒐集到學生所展現出的學習表現。例如：在學習單上，學生要寫出他們所設計的背包是查考哪一些網站；他們的背包設計圖；他們如何進行測試及其測試的結果；背包製作的花費；最後寫出其成品的特色，反思其設計需要改進之處，以及進行此背包設計商品時運用了哪一些學科知識。

　　步驟 11：學習單設計好之後，需要思考有哪一些課綱能在此活動中呈現出來，寫入教案的教學目的以及可達到的目標。

　　步驟 12：最後是 STEM 的評量，在考量評量時，教師須思考，要如何的出題目使得學生在此教案中所培養的能力能展現出來。另外須考慮這些能力除了能在此教學活動中展現出來之外，能否應用或是遷移在其他情境中。除了學習單之外，教師在設計評量題目時，可再思考還有沒有其他的評量方式，可讓學生所學習到的能力可以展現出來。

　　舉例而言，在背包設計的活動中，學生可展現在一定的容積內（背包內側與外側），如何擺放最多樣的物品，透過物品的擺放方式，所設計的袋子的大小與形狀，這是體積的概念。教師也可評量學生在畫設計圖的思考精細程度，給予不同的評分等第。另外在背包設計的費用計算方面，學生的數學算式是否清楚明確，計算的結果是否正確。背帶的設計，學生是否能明白帶子越寬，肩上的壓力越小之壓力概念。最後，學生在設計時是否能將設計的理念，透過科學的名詞或是概念展現出來，以及設計圖與製作出的成品相符程度，這些都是可被評測出來的素養或學習表現。

　　步驟 13：教師在設計完上述教案的內容後，可思考時間的編排。基本上剛開始進行 STEM 活動時，需要給學生較多的時間進行設計與操作，慢慢的學生越來越純熟之後，所需要的時間就可減少。

　　教師需要自己判斷學生的成熟度、背景知識，以及動手操作的熟練度，進行時間的安排。建議剛開始進行 STEM 活動時，因為小組組員需

要互相認識，了解組員間的專長（強項）以及溝通協商的訓練，因此提供每一個階段的活動時間要比較寬裕。依據個人的教學經驗，許多學生在成長的過程中，動手操作的能力（例如：剪紙、黏貼物品、繪製精確的設計圖等）較缺乏練習的機會，因此製作成品時較不熟練，教師需要給學生時間練習，或是讓學生在家練習一些基本的操作技巧，例如：剪紙、黏貼物品等。另外，現在學生在日常的生活經驗中，也比較不需要進行複雜步驟的問題解決，學生只要有一次的動作即能完成活動，但是 STEM 活動在進行的過程中會出現許多的狀況，需要小組同學臨場解決問題的能力與技巧。例如：背包放置物品時，破了一個洞，或兩條背包帶黏貼後長短不一等等問題要如何的解決。這些突發狀況的解決問題能力在 STEM 活動中會時常出現，因此學生在進行 STEM 過程中，除了訓練解決問題的能力之外，也學會忍受挫折的能力。

有關 STEM 教案的範例，將於下面章節呈現。

STEM 課程設計與教學活動的疑問

許多教師會有一個迷思觀念，認為 STEM 活動只能在聯課活動進行，其實不然。對於國小教師，可以跟美勞課、數學課、自然課教師聯合一起規劃設計與執行 STEM 活動，且不同科目的教師們可一起評量學生的學習表現，這樣的進行方式，亦達到跨領域的課程學習成效。即使不同領域的教師無法從頭設計一份 STEM 教案，也可透過網路上已經設計好的教案轉化成為具備 STEM 特色的教案。筆者曾在美國看到一位科學教師與英文教師一同評量學生的探究成果，英文教師評英文文法，科學教師評學生的探究歷程，兩位教師一同提供自己的科學課與英文課，讓學生進行探究成果發表，且一同評量學生的學習成果。

教師們也會擔心在自己課堂中進行 STEM 教學活動，會浪費掉太多的教學時間。筆者曾在美國觀察科學教師如何進行教學，個案教師在一節

課中分成四至五個單位，每一個單位包含講課、例題演練、動手操作、議題報告等等。個案教師將一個探究活動拉長到一個月完成，每一次上課僅進行一小部分的探究活動。解決教師們擔心進行 STEM 活動太浪費時間的方式是，透過一個月、兩個月，或是一學期的方式進行一個 STEM 活動，讓學生每一學期體驗 STEM 活動以及培養其 STEM 的素養。由於 STEM 活動是以一學期的方式達成，因此教師可在每週的課程裡，要求學生達成一小部分的任務，並在上課時檢查每一組學生的任務進展，最後在學期末時提供兩節課（可用自己的課或是與其他教師一起上課、一起評分），讓學生能展現其 STEM 成果，並讓同學進行提問與票選。這樣細水長流的進行方式仍然能達到 STEM 課程的目標。

　　在筆者進行 STEM 師資培育的經驗，一般科學教師比較難在生活或是社會中，找出 STEM 議題。建議教師可常常訓練自己的敏覺度，試著將生活上遇到的問題轉化成 STEM 議題。例如：家裡有養寵物，則思考如何設計定時定量寵物餵食器；家裡種花草，則可思考如何製作定時澆花器。在 2022 年臺灣中部地區嚴重缺水，新聞不斷的報導，因此可將新聞整理，以設計水質淨化器。當然汙水的種類很多，有洗澡的汙水，或是廢水溝的汙水等等，這些汙水的淨化方式會有一些小的差異，因此也可成為 STEM 的活動。在 2020-2021 年 Covid-19 爆發時，口罩是民生必備品，因此如何設計一只好的口罩例如：防病毒、防水氣、貼合度高，這些都是口罩設計可達成的要求。或是在缺電的情境下，如何煮熟食物，如何設計無電力的烤箱等等。最後是生活上的方便性，例如：如何設計購物袋使得提重的物品（5 公斤）時能省力。此外教師亦可觀看 YouTube 影片，有關如何種植蔬果，如何採摘蔬果，設計一些器具幫助農夫在種植或是採摘蔬果的工作上能更有效率。這些都是 STEM 活動在找尋議題上可以著力的地方。

　　許多學校具備創課（Maker）的材料與設備，例如：樂高或是智高積木、3D 列印、雷射切割，或是 Arduino 等軟硬體設備。這些都是很好的資源與材料，但是進行這些創課教室所提供的活動，需要確認學生有沒有

進行 EiE 所提出的 STEM 活動歷程，如果有，則學生可訓練到 STEM 的高階知能，或是新課綱中科學領域的學習表現。如果沒有經歷這些工程設計歷程，僅依據既有的步驟按表操課，則學生無法訓練上述的學習表現。此現象就如同前面章節所提到的，實驗室教學不見得能訓練學生完整的探究能力，是一樣的道理。

許多科學教師也會教授生活科技課程，其實生活科技所教授的內容與 STEM 息息相關，而生活科技基本上是科學的應用。有許多的活動只要加以調整，仍可凸顯探究融入 STEM 的特色。筆者認為未來自然與生活科技的結合透過 STEM 會更加的緊密。因此，教師可將過去進行的 Maker 活動加以調整，即可成為具備 STEM 特色的活動，以下將舉例加以說明。

澆花器 Maker 活動轉換為 STEM 教案

在 Maker 活動中常會有設計自動澆花器的活動，教師會教學生自動澆花器如何組裝，或是自動澆花器的配件如何透過 3D 列印進行製作，接著學習如何加以組裝，訓練學生技學能力與技巧。下一個步驟則是教導學生如何進行程式設計，訓練學生運算思維能力，將自動澆花器與程式設計配合，使得澆花器能自動澆水。當學生能製作出自動澆花器之後，整個活動就算完成。最後學生可評鑑哪一組的澆花器製作最完善、精美等等選項。

我們改良上述的 Maker 活動為 EiE 的 STEM 活動：

1. 小明常常需要到國外或外地出差許多天，但是他養了一盆很高級的蘭花，因此他希望能有人幫他設計一個自動澆花器，讓他出國或是出差時能自動的澆花。他希望這個自動澆花器價格便宜（300 元以內）、省電，能為他的蘭花量身訂做，一天澆水一次。

2. 小林公司接到任務後，請他們的團隊成員進行規劃。教師提供每一組學生一定額度的材料費與器材；教師教導程式設計的原理與重要程式指

令；教師教導學生澆花器的最基本構造、組裝的重要技巧以及材料的種類。

3. 請各組同學找澆花器資料，蘭花需要澆多少的水。

4. 各組同學畫出澆花器設計圖。

5. 各組同學進行世界咖啡館互相學習。

6. 各組同學修改自己小組的設計圖。

7. 各組同學進行分工，有些進行動手做，有些進行程式設計，按照設計圖製作出澆花器。

8. 各組同學製作成品並測試成品，將測試多次的結果記錄下來，也依據測試的結果修改澆花器。

9. 最後各組同學將製作出的歷程以及結果寫在書面上，也報告給其他組員聽，並讓全班同學進行票選。

10. 小林公司將票選最高的結果進行投資量產。

　　上述的修改主要是提供一個較為真實的情境，讓學生有意願參與活動。接著是讓學生搜尋資料，並進行事先的活動規劃（例如：設計圖的製作；活動要如何進行，要如何分工），接著是動手操作（這與一般的 Maker 活動相仿），在測試的過程需要數次的測試，最後是學習單的填寫以及成果的分享。甚至進行活動後如何的改良自己小組的設計，或是組員間的協商與合作。這些元素加入後，可讓原先僅重視動手製作的 Maker 活動過程中的設計、思考與反思的元素能明示出來，另外分工合作的能力也可在這樣的規劃中凸顯出來。

運用 STEM 教案設計步驟改良教案

　　以下筆者將一份科學教師們所設計非常強調化學知識應用的教案（自動充氣救生衣），修改為較符合 STEM 教案提供教師們參考，使得教師們能更理解何謂 STEM 教學活動的設計特點（請參見章末教案：自動充

氣救生衣）。

1. 自動充氣救生衣教案，設計者的理念主要是讓學生能將所學到的化學知識以及數學的計算能運用到 STEM 活動中。這是許多科學教師或是數學教師最想要達到的目標，教案設計能展現學生學科知識的應用。

2. 設計者運用新聞事件：泰國的海嘯事件，提出讓學生思考到設計快速自動充氣救生衣的重要性。所以在社會事件，以及生活議題上，此教案正確地提出議題。

3. 接著教師要求學生確認問題：本次探究實驗需要找出能夠**快速填充**在救生衣中**氣體的化學反應**，並且找出充飽且不能脹破夾鏈袋的**反應物的正確比例**。在這要求中可看出，設計者希望學生將過去所學到的化學知識運用在此次的 STEM 活動中。除了透過探究實驗找尋哪一種的化學反應可最快速且產生最多氣體之外，也訓練學生確認各種化學反應的速度。原先設計的教師也希望學生在確認化學反應產生氣體的活動中，建立假設，找出操作變因、應變變因與控制變因。因為充氣救生衣需要在快速的情境下，將化學反應產生的氣體充滿救生衣。在此，設計者重視科學探究，重視化學知識的應用與精熟。

4. 接著是設計救生衣要在衣服上的哪一些部分充滿氣體，使得人可在海中浮上來。在此教案中有設計圖的製作，這也符合 STEM 教案設計的特色與步驟。

5. 教案中接著是讓各組學生進行實驗活動，看定量體積的塑膠袋在多久時間填充好氣體，並進行記錄。做完實驗後，下一步則是各組推銷自己小組的自動充氣救生衣。這兩個設計的步驟需要加以調整，因為當小組進行好各組的自動充氣救生衣後，接下來的步驟應該是教師提供不同大小的夾鏈袋、不織布、剪刀、釘書機、針線、膠水、小蘇打、醋等給學生。在每一份的材料上訂出價格，讓學生在自行設計的自動充氣救生衣中，計算所製作的救生衣價格。製作出的救生衣則需要測試充氣的時間，以及能承載多重的物品在水上浮 10 秒鐘。加入這些元素，主要是讓學生計算成本，並能將設計圖呈現出實體的模型，增加

活動的眞實感。

6. 最後各組將測試的結果呈現出來，並說明自己小組成品的優點，例如：
價格低、快速充氣、承載的物品比較重、承載的時間比較久等等能說
服客戶購買的理由。

　　教師們可能會思考，如何在短時間內讓救生衣內的氣囊充滿氣體，且
讓不同年齡層的學生能達成此任務。這時候救生衣的設計便成爲關鍵，學
生可用一個夾鏈袋或是二、三個夾鏈袋套在一個重物上，此重物代表穿上
救生衣的人，如果重物越重表示能承載的人越重。

　　期望教師們在觀賞完原始的教案，以及上述修改的建議後，能自行修
改自動充氣救生衣教案，成爲具備 STEM 教學特色的教案，並運用在自
己的班級中。

結語

　　本章具體說明筆者與研究團隊設計 STEM 教案的思考步驟。在過去
筆者進行 STEM 的教學中發現，許多的科學教師要設計兩難情境比較不
習慣。科學教師習慣所營造的議題都是可完美的達成。除了兩難情境之
外，教師對於所營造的任務需要給予限制性，因爲工程領域所處理的事務
都是在限制的情境下達成。例如：需要在特定時間完成，或是資金有一定
的限制。但是在科學探究的情境中，均沒有兩難情境以及資金限制的特別
要求。此外還有工程設計遞迴歷程，以及製作成本、最適化的本質，都是
在科學探究中所沒有的特色，也是科學教師在探究教學後要轉化爲 STEM
教學，在觀念上需要改變的地方。透過上述的 STEM 教案設計步驟，教
師對於執行 STEM 教學的疑慮，Maker 活動如何變爲 STEM 教案，以及
STEM 教案的修改方式，期盼能幫助科學教師順利地設計出好的 STEM
教案。

自動充氣救生衣

一、課程名稱：自動充氣救生衣（主設計者：彭慧怡、李俊德）

二、背景條件說明

1. 適用對象	年段年級：國中二年級 程度：■常態　□資優　□低成就　□其他：_____
2. 實施時機	□正式部定課程：____年級____學期 第____章 第____節 ■彈性課程：_____ ■輔導課：_____ ■課外科學營隊活動：_____ □其他：_____
3. 所需節數	3 節
4. 學生先備概念、技能與活動（或是學生的學習背景、能力的說明）	在國中二年級學習完整的化學反應與浮力概念後，可以利用彈性活動或是課後學習課程，來操作此 STEM 課程。 （建議說明學生的具體能力，例如：浮力的觀念與計算等等）
5. 設計理念：請包含本單元強調的科學概念、與此教案有關的課本單元	STEM 課程是結合科學、科技、工程、數學，透過一個待解決真實世界中的問題，幫助學生了解全球化環境、科技、工程議題，學習如何在現在或未來能創造出最佳的解決方案，期望學生能藉由科學提供探究、數學提供分析、運用科技與工程所提供的工程設計流程與製作能力，靈活統整與運用各科知識來解決現實生活中所面臨的問題（范斯淳、游光昭，2016）。 （建議用此單元活動寫出本活動設計目的與理念，不要用文獻）

三、學生學習重點（灰色框內文字為範例）

	學科或跨科	編碼	文字說明
學習內容（核心概念）	化學－物質的結構與功能	Cb-IV-3	分子式相同會因原子排列方式不同而形成不同的物質。
	化學－物質反應規律	Ja- IV -3	化學反應中常伴隨沉澱、氣體、顏色及溫度變化等現象。
	物理－力與運動	Eb- IV -6	物體在靜止液體中所受浮力，等於排開液體的重量。

	能力	編碼	文字說明
學習表現	思考智能－想像創造	ti- IV -1	能依據已知的自然科學知識概念，經由自我或團體探索與討論的過程，想像當使用的實驗方法改變時，其結果可能產生的差異；並能嘗試在指導下以創新思考和方法得到新的模型、成品或結果。
	思考智能－推理論證	tr- IV -1	能將所習得的知識正確的連結到實驗數據，並推論出其中的關聯，進而運用習得的知識來解釋自己論點的正確性。
	問題解決－觀察與定題	po- IV -2	能辨別適合科學探究或適合以科學方式尋求解決的問題（或假說），並能依據觀察、蒐集資料、閱讀、思考、討論等，提出適宜探究之問題。
	問題解決－計畫與執行	pe- IV -1	能辨明多個操作變因、應變變因並計畫適當次數的測試、預測活動的可能結果。在教師的指導下，能了解探究的計畫，並進而能根據問題特性、資源等因素，規劃具有可信度的探究活動。
	問題解決－討論與傳達	pc- IV -1	能理解同學的探究過程和結果，提出合理而且具有根據的疑問或意見。並能對問題、探究方法、證據及發現，彼此間的符應情形，進行檢核並提出可能的改善方案。
	態度	**編碼**	**文字說明**
	培養科學探究的興趣	ai- IV -1	動手實作解決問題或驗證自己想法，而獲得成就感。
	養成應用科學思考與探究的習慣	ah- IV -2	應用所學到的科學知識與科學探究方法，幫助自己做出最佳的決定。
學生學習具體目標	1. 能列出國中階段可以產生氣體的化學反應。 2. 能依據問題提出適切的假設。 3. 能依據假設寫出實驗組與對照組的操作變因、控制變因。 4. 能寫出至少三組實驗數據，並依據數據推論出結果。 5. 能上網搜尋救生衣的原理與設計樣式。		

	6. 能畫出救生衣各部位的設計圖。	
	7. 能依照設計圖製作出充氣救生衣。	
	8. 能根據測試結果寫出需要修改再設計的部分。	

四、教學流程

時間	教師教學活動	學生學習活動	所需器材
	確認問題 **情境**：2004 年 12 月 26 日週日上午 7 點 58 分蘇門答臘－安達曼地震引發南亞大海嘯，最高浪高 51 公尺，當時觀光勝地普吉島由於聖誕節連續假日，觀光客眾多，海嘯侵襲時間只有短短 30 秒，許多人由於海水突然湧入，溺斃或窒息而死。泰國內政部表示海嘯造成 5,393 人罹難、9,457 人受傷和 2,845 人失蹤。（教師可搭配影片說明） **教師**：在洪水或落水的危急時刻，救生衣是重要的救生工具，不論是洪水來襲、飛機迫降、輪船翻覆，事前準備好救生衣都能提供人們有更多時間可以脫困。 你們是救生衣的研發部工程師，想要發明一款快速充氣的救生衣，請各位工程師設計一款能快速充氣且安全的救生衣。 **氣體快充探究實驗** 1. 確認問題：本次探究實驗需要找出能夠**快速填充**在救生衣中**氣體的化學反應**，並且找出充飽且不能脹破夾鏈袋的**反應物的正確比例**。 2. 請學生列出過去學習過程，可以產生氣體的化學反應。（可搭配課本或上網搜尋） ※ 提醒學生填充在救生衣中，應該選擇具有安全性的氣體。 3. 實驗設計： (1) 測量夾鏈袋容量。 (2) 設計實驗假設，例如：	學生專心聽講、觀看影片 學生撰寫學習單 是否要寫出能支撐多重的體重以及浮在水面多久 夾鏈袋是否學生可選取	

	① 小蘇打加醋酸的反應，會越快填充夾鏈袋。 ② 小蘇打粉調成溶液，會越快填充夾鏈袋。 (3) 計算反應物所需要的量。 ※ 提醒：國中尚未有氣體體積與莫耳數的概念，此時教師可以提供給學生相關知識，或請學生上網搜尋。 (4) 列出實驗組與對照組的實驗設計。 4. 實驗結果與紀錄。 第一節課結束	小組討論	

蒐集資訊

請學生上網搜尋救生衣原理及外觀設計，並寫出資料來源或出處。　學生使用平板搜尋資料

想像與設計

請學生詳細的將救生衣各部分的設計圖畫出來：
1. 救生衣外觀。
2. 內部填充反應物的質量。
3. 利用浮力設計救生衣應該要膨脹的大小。

學生小組討論、撰寫學習單

製作成品

說明學生能取用的材料：醋酸、小蘇打粉、碳酸鈣粉末、夾鏈袋、垃圾袋。

工具：剪刀、膠帶。

第二節課結束

學生使用材料製作救生衣

測試與改善

測試結果紀錄：

	有無成功 5 秒內充完氣	可承受的最大重量
第一次		
第二次		
第三次		

請學生根據測試結果，進行改善。

各組測試成品，並討論如何改善

	溝通表達 請向你的同學推銷自己組別的救生衣，可針對救生衣的性能（多久能充飽氣、承受重量）、外觀、成本價格等，進行說明。	各組派一人推銷自己的救生衣

學習單

自動充氣救生衣

班級：　　　　　座號：　　　　　姓名：

2004 年 12 月 26 日週日上午 7 點 58 分蘇門答臘－安達曼地震引發南亞大海嘯，最高浪高 51 公尺，當時觀光勝地普吉島由於聖誕節連續假日，觀光客眾多，海嘯侵襲時間只有短短 30 秒，許多人由於海水突然湧入，溺斃或窒息而死。泰國內政部表示海嘯造成 5,393 人罹難、9,457 人受傷和 2,845 人失蹤。

在洪水或落水的危急時刻，救生衣是重要的救生工具，不論是洪水來襲、飛機迫降、輪船翻覆，事前準備好救生衣都能提供人們有更多時間可以脫困。

一、任務（確認問題）

你們是救生衣的研發部工程師，想要發明一款快速充氣的救生衣，請各位工程師設計一款能**快速充氣且安全的救生衣**。

二、氣體快充探究實驗

本次探究實驗需要找出能夠**快速填充氣體的化學反應**，並且找出充飽且不能脹破夾鏈袋的反應物的比例。

---

1. 請列出可以產生氣體的化學反應：

※ 為了填充在救生衣中，務必要挑選具有 安全性 的氣體，

我們挑選＿＿＿＿＿＿＿＿＿＿＿＿來製作快速充氣的材料。

2. 設計與實驗紀錄

實驗假設：我們認為＿＿＿＿＿＿＿＿＿＿＿，能夠快速充飽夾鏈袋。

實測後，夾鏈袋容量為：＿＿＿＿＿＿＿＿＿＿＿毫升

（**1 莫耳氣體體積為 22.4 升**）

變因	實驗組	對照組
操作變因：		
控制變因：		

計算區：請在此計算每個反應物所需要的量

3. 實驗結果與紀錄

三、資料搜尋

請上網搜尋救生衣原理及外觀設計，並寫出資料來源或出處。

四、充氣救生衣設計圖

設計一款啟動後 5 秒充氣，且讓裝水寶特瓶中填裝最多重量的救生衣。

請詳細的將救生衣各部分的設計圖畫出來：

1. 救生衣外觀。
2. 內部填充反應物的質量。
3. 利用浮力設計救生衣應該要膨脹的大小。

五、測試與改善

測試結果紀錄

	有無成功 5 秒內充完氣	可承受的最大重量
第一次		
第二次		
第三次		

根據結果你會如何改善？

六、溝通與分享

請向你的同學推銷自己組別的救生衣，可針對救生衣的性能（多久能充飽氣、承受重量）、外觀、成本價格等，進行說明。

第八章

STEM 教案設計範例

停車場學問大

　　在本章中，我們會呈現依據 EiE（Cunningham et al., 2020）的設計理念所設計出的 STEM 教案（停車場學問大），並說明我們在研發過程中的思考歷程，期盼這些思考歷程能幫助科學教師在設計自己的 STEM 教案時的參考（請參見章末教案：停車場學問大）。

STEM 教案設計前的思考

　　在設計停車場的 STEM 活動時，團隊一起討論生活中有哪一些議題是很常見的。當時發現各縣市在空地常會設立停車場，因此我們開始以停車場為主題，著手進行 STEM 教案的設計。因為是依據 EiE 的設計歷程，以及參考 Cunningham 團隊所發展的教材範例，所以教案在開始時會介紹工程與科技（技學）的內涵，整個教案的流程包含工程設計的歷程。接著是思考如何融入科技的部分，主要是讓學生運用 Google Map 找尋要進行停車場的地理位置圖，以及規劃入口與出口的位置圖。至於數學的部分，我們期望學生能計算汽車的迴轉半徑，轉彎處需要的角度，如何能在設定的面積內畫出最多的停車格等等，將數學的內涵融入其中。至於科學的部分，強調觀察、資料蒐集、分析、歸納與下判斷等，與科學探究部分知能有關。

　　當我們構思好此活動能凸顯 S、T、E、M 領域的特質之後，接著我們開始思考要準備什麼材料提供學生進行活動。為了要擬真，我們購買小汽車模型，此模型汽車有四個輪子能移動。我們提供硬紙板，讓學生能將其停車場建置在硬紙板上。我們也上網查詢人工費用多少錢，所需的設備需要多少錢，讓學生決定要人工收費還是自動繳費，另外整地要多少錢等等資訊，這些資訊儘量的與真實生活所需的花費相同，達到擬真的效果。

STEM 教案的流程

　　我們將教案依照 EiE（Cunningham et al., 2020）的流程展現。首先是議題的營造：在國立彰化師範大學需要建立一個平面停車場讓更多的汽車能停放。接著教師教導學生如何使用 Google Map 的一般功能以及進階功能，培養學生在此活動所需的科技（技學）知能。當學生熟悉 Google Map 的使用後，教師請學生在學校的周圍找尋一塊空地能讓汽車進出，開始規劃設計停車場。

　　學生學習好 Google Map 後開始進行資料的蒐集，找尋停車場規劃設計的細節，例如：車道要多寬，每一個車位多長、多寬，在一定的空地中如何畫出最多停車格的停車場。同學需要大量的蒐集資料來回答上述的問題，接著構思停車場的規劃。當繪製好停車場的設計圖之後，教師進行世界咖啡館的活動，讓各組同學到其他組別進行學習，在兩輪的世界咖啡館之後，參訪同學回到自己的小組，思考是否要修正自己小組原先所設計的停車場設計圖。討論好之後，開始進行停車場的規劃，每一組同學發給兩輛小汽車，讓他們模擬小汽車是否能順利的進出自己小組所規劃的停車格中。因爲有角度、迴轉半徑的數學問題，學生須上網或檢查數學課本，來解決停車格的設計以及車輛進出的問題。同學也需要查一般車輛有多長、多寬，來決定是否要畫大停車位、小停車位與一般停車位，還是所有停車位均一樣的大小。透過學生進行設計時，慢慢地體會原來建置停車場需要許多的知識方能解決問題。

　　本活動進行完成之後，小組同學可思考如何改善本次的規劃設計。對於下一次的活動，教師可提出相同地點但是兩層的停車場，需要的費用是多少？學生在此活動中可慢慢地歸納出一套數學公式，估算出設計停車場的花費。

結語

　　STEM 教案的展現方式非常的多元，透過本章的 STEM 教案設計，主要學習 EiE 的課程設計精神，先培養學生對工程設計歷程以及技學本質的理解，接著再透過 EiE 的教學歷程呈現本教案的設計流程。期盼各位教師能學習到 STEM 教案設計中需要注意的事項，以及在 STEM 教學中如何融入科技（技學）、數學的概念於此教案中。

停車場學問大

主要設計者：曾衒銘

一、適用對象：國／高中學生（七到十二年級）
二、使用時機：選修或彈性課程
三、所需節數：6 節
四、課程目標

科 S-U-A1　具備應用科技的知識與能力，有效規劃生涯發展。

科 S-U-A2　運用科技工具與策略進行系統思考與分析探索，並有效解決問題。

科 S-U-A3　善用科技資源規劃、執行、反思及創新，解決情境中的問題，進而精進科技專題的製作品質。

科 S-U-B1　合理地運用科技符號與運算思維，表達思想與經驗，有效地與他人溝通互動。

科 S-U-B2　理解科技與資訊的原理及發展趨勢，整合運用科技、資訊及媒體，並能分析思辨人與科技、社會、環境的關係。

科 S-U-C2　妥善運用科技工具以組織工作團隊，進行溝通協調，合作完成科技專題製作。

設 k-IV-1　能了解日常科技的意涵與設計製作的基本概念。

設 k-V-1　能了解工程與工程設計的基本知識。

設 a-IV-1　能主動參與科技實作活動及試探興趣，不受性別的限制。

設 c-IV-3　能具備與人溝通、協調、合作的能力。

生 P-IV-4　設計的流程。

生 P-IV-7　產品的設計與發展。

生 N-V-1　科技與工程的關係。

生 S-V-1　工程科技議題的探究。

五、課程表

活動 1（50 分鐘）：什麼是工程設計流程	第 1 節課（50 分鐘）
活動 2（50 分鐘）：什麼是技學	第 2 節課（50 分鐘）
活動 3（50 分鐘）：科技導入與應用（一）	第 3 節課（50 分鐘）
活動 4（50 分鐘）：科技導入與應用（二）	第 4 節課（50 分鐘）
活動 5（100 分鐘）：停車場規劃	第 5 節課（50 分鐘）
	第 6 節課（50 分鐘）

六、課程評量

活動	評量方式	評量標準
活動 1	學生能夠回答什麼是工程設計的流程。	A. 能說出工程設計的步驟並解釋其意義。 B. 能說出部分工程設計的步驟並解釋其意義。 C. 能說出工程設計的步驟但不會解釋其意義。 D. 能說出部分工程設計的步驟但不會解釋其意義。 E. 無法說出工程設計的步驟也不會解釋其意義。
活動 2.1	學生能夠清楚分辨什麼是技學。	A. 可以完整分辨學習單中各項名稱是否為技學，並能夠歸納回答出什麼是技學的共通點。 B. 無法完整分辨學習單中各項名稱是否為技學，但能夠歸納回答出什麼是技學的共通點。 C. 可以完整分辨學習單中各項名稱是否為技學，但無法歸納回答出什麼是技學的共通點。 D. 僅能部分分辨學習單中各項名稱是否為技學，但無法歸納回答出什麼是技學的共通點。 E. 無法分辨學習單中各項名稱是否為技學，也無法回答出什麼是技學的共通點。
活動 2.2	學生能夠觀察並分析身邊事物是否具備技學的設計成分。	A. 可以清楚觀察出外包裝盒的設計重點，並能夠提出自己對於重新設計外包裝盒這件事的看法。 B. 可以清楚觀察出外包裝盒的設計重點，但無法對於重新設計外包裝盒這件事提出清楚的看法。 C. 可初步觀察出外包裝盒的設計重點，而自己對於重新設計外包裝盒這件事的看法並不強烈。 D. 無法清楚觀察出外包裝盒的設計重點，而對於重新設計外包裝盒這件事雖有天馬行空的想法卻無太多具體的根據與論述。 E. 無法觀察出外包裝盒的設計重點，自己對於重新設計外包裝盒這件事也沒有看法。

活動 3	學生能利用 Google Map 的功能找尋到特地定點並完成該地點圖資的轉繪。	A. 可以順利使用 Google Map 查詢到指定的地點，並根據繪製條件清楚轉繪平面地圖。 B. 可以順利使用 Google Map 查詢到指定的地點，但繪製平面地圖的狀況無法完整符合限制條件。 C. 順利使用 Google Map 查詢到指定的地點，但無法繪製平面地圖。 D. 可以使用 Google Map 查詢到地點但準度有誤，繪製的平面地圖亦有錯誤。 E. 無法使用 Google Map 查詢到指定的地點，也無法繪製平面地圖。
活動 4	學生能夠使用 Google Map 的進階查詢功能進行範圍區塊的選取，與相關土地面積丈量。	A. 可以順利使用 Google Map 的進階查詢功能完成運動場地丈量，並完成停車場預定地的計畫與丈量。 B. 可以順利使用 Google Map 的進階查詢功能完成運動場地丈量，完成停車場預定地的計畫但丈量發生錯誤。 C. 可以順利使用 Google Map 的進階查詢功能完成運動場地丈量，但無法完成預定地的選擇與丈量。 D. 無法使用 Google Map 的進階查詢功能完成運動場地丈量，但有完成停車場預定地的計畫。 E. 無法使用 Google Map 的進階查詢功能完成運動場地丈量，也未完成停車場預定地的計畫與丈量。
活動 5	學生能夠順利完成停車場整體規劃並在所有限制條件下不斷優化原始計畫。	A. 可以順利完成停車場預定地的計畫，並在符合所有限制條件下不斷優化其原始設計。 B. 可以順利完成停車場預定地的計畫，雖符合所有限制條件但沒有做到優化改進原計畫的動作。 C. 可以順利完成停車場預定地的計畫，但違反部分限制條件。 D. 無法順利完成停車場預定地的計畫，但有丈量出相關的地圖資訊。 E. 無法順利完成停車場預定地的計畫，亦無法完成相關地圖丈量。

七、公用教材教具

預計 8 組，每組 4 人，共 32 人。

設備項目	數量
投影設備	1
教師用的筆記型電腦，連結投影設備	1
黑白雷射印表機	1
無線網路，可供 10 台以上行動裝置同時上網	1
筆記型電腦	8

第一節：什麼是工程設計流程

活動 1（50 分鐘）

【活動時間】	【準備活動材料】
說明：5 分鐘 探究：10 分鐘 創造：15 分鐘 測試：10 分鐘 反思：10 分鐘 總計 50 分鐘	1. 全班： 　(1) 工程設計流程海報（海報中呈現確認問題、蒐集資訊、想像、計畫、製作成品、測試成品、改善成品、溝通表達的流程）。 　(2) 計時器、碼表（手機碼表亦可，若有 App 可以投影在布幕上更佳）。 2. 每組（建議 5 人）： 　(1) 模型車 TAKARA-TOMY 模型車 3 盒（一般房轎車 1/60～1/65，標價大約 250 以下）。 　(2) 直尺。 　(3) 鉛筆。 　(4) A4 白紙一張。 　(5) 8K 方眼紙一張。
	【活動前準備】
	1. 在每個小組桌上為其準備以下物品： 　(1) 模型車 TAKARA-TOMY 模型車 3 盒。 　(2) 直尺一把（30 公分的塑膠直尺，方便透光可以觀察）。 　(3) 鉛筆（已削好，筆頭帶橡皮擦最佳）。 　(4) A4 白紙（一組一張，建議多準備幾張以備突發狀況）。 　(5) 8K 方眼紙一張（一組一張，建議多準備幾張以備突發狀況）。 2. 在教室明顯處張貼好工程設計流程的海報。 3. 準備好活動標準和限制圖表或是利用 PPT 簡報投影。

提示：教師可建議學生對於現有的車體做測量與記錄、針對可能發生的物理現象（譬如碰撞、迴旋）等問題預先假設。	**說明（5 分鐘）** 1. 說明因為目前都市開發的需求大增，土地取得不易，交通工具過多造成停車位嚴重不足，所以如何妥善規劃設計停車格就是一件很重要的事。（建議：教師可以播放交通擁擠、車子亂停的 PPT 照片） 2. 告訴各個小組成員們，他們被賦予了一個很重要的任務就是設計停車格。在有限的空間內如何設計最多的停車格是很重要的。 3. 提問：停車格設計可能會遇到的問題有： 　(1) 車格不能太小導致不能進出車內。 　(2) 車道不能太小導致不能開出停車場。 4. 告知各小組他們不能改變車體的大小，他們必須盡全力設計好的停車場來停下最多的車子。 **探究（10 分鐘）** 1. 將每個人分成 4 人一組的團隊並詢問：在開始工作之前，各位有什麼問題？ 2. 鼓勵以小組為單位提出有關製作標準的問題（讓學生提問）： 　(1) 學生可能會問：「我們需要做到什麼？」 　　教師回答：「我們要在發放的方眼紙上設計出一個停車場，可以停越多車越好，然後也要設計一個車道讓所有車輛可以自由進出通道。」 　(2) 學生可能會問：那有什麼限制條件嗎？隨便都可以嗎？ 　　教師回答：「大家可以儘量發揮想像力與創造力，但只限在 3×5 格的方眼紙上做圖，同時也要設計車道讓車輛進出，不能任意剪貼。」 　(3) 學生可能會問：「如何評估什麼是好的停車場？」 　　教師回答：「我們希望找到在限制條件沒有違反的情況下，最多停車格的設計圖。」 3. 依序回答小組提出的問題（教師回答）。 4. 務必讓各組知道他們所擁有的工具，並確認是否有缺遺或故障：模型車 TAKARA-TOMY 模型車 3 盒、直尺、鉛筆、A4 白紙一張、8K 方眼紙一張。 5. 所有工作都在方眼紙 3×5 格上完成，不能做任何切割或是張貼的動作。 6. 要有最多的停車格，以及一條可以自由進出的車道。 7. 所有車格的設計都可以通過實際操作模型車來與生活經驗做比對。

8. 團隊將有 10 分鐘的工作時間。

9. 團隊可以使用模型車測試車道與車格，但僅限使用自己團隊的模型車。

10. 公告活動標準與限制條件的海報（建議：教師也可以使用PPT投影）。

創造（15 分鐘）

1. 將計時器或碼表設置為 15 分鐘（可以投影到布幕讓學生隨時看到是最佳的），讓各組團隊開始設計。

2. 隨著小組團隊的工作開始進行，教師可以從旁觀察所有學生的參與狀況並隨時提醒這個活動是有時間限制的。

3. 大約 10 分鐘後，可以開始訪問各個小組團隊，並視狀況提出以下問題或給予鼓勵：

   (1) 你的團隊是怎麼想到這種設計的？

   (2) 為什麼你們認為這個設計能夠很好地運作？

   (3) 你們是怎麼想到這個的？有沒有什麼是你們設計時的重點？

4. 每隔 5 分鐘，讓小組知道他們還剩多少時間。

5. 最後 1 分鐘，提醒小組讓他們知道必須做出結論。

測試（10 分鐘）

1. 當時間到了後，讓所有團隊都停止自己手邊的所有工作，並開始詢問各組所規劃的停車格數，找出最多數量的一組，並邀請其上台分享他們的設計圖。（若有同停車格數者，可一併邀請上台）

2. 提問該組的成員以下問題：

   (1) 你們團隊觀察到什麼重點？

   (2) 你們有遇到什麼樣的問題？

   (3) 你們解決問題的關鍵是什麼？

3. 明確地指出並鼓勵每個小組團隊都為此停車場設計了不同的解決方案。而在現實生活中，面對問題時，工程師團隊也總有很多解決方案。

4. 開放讓各個團隊挑戰並測試最佳團隊的停車場設計圖：

   (1) 蒐集最佳團隊的車格數所對應的模型車數。

   (2) 將停車格全部停滿，讓所有團隊自由提出測試或質疑。

   (3) 嘗試將所有車子都透過正常物理移動的方式移出停車場設計圖。

5. 若過程中有發生違反限制或是不合常理的設計時，即可視時間與狀況由次多的團隊進行上述步驟 4. 的動作，但無論他們的設計是否符合標準，請詢問並提醒該團隊：如果你有更多時間，你們會如何改進你的設計？

	反思（10 分鐘）
	1. 將所有人的目光聚焦在工程設計流程海報（附件 1.1）。
	2. 解釋現實生活中工程師們解決問題的歷程就是被稱為工程設計的過程。並適時提問：
	(1) 你們的團隊在設計工作時如何使用這些步驟？
	(2) 鼓勵團隊將剛剛進行的活動與具體步驟聯繫起來。例如：我們在腦力激盪的時候，經歷了哪些步驟？
	(3) 使用過最多次（如果有的話）的步驟是哪一個？
	(4) 如果跳過特定步驟不做的話，會發生什麼？
	3. 告知並鼓勵他們將在後續活動繼續使用這樣的工程設計流程來解決問題，完成設計。

第二節：什麼是技學？

活動 2（50 分鐘）：學生可以理解技學是人類為解決問題而設計的任何物品，技學包含設計過程以及產品本身。

【活動時間】	【準備活動材料】
活動 2.1 說明：5 分鐘	1. 對全體學生：
活動 2.1 進行：10 分鐘	(1) 工程設計流程海報（附件 1.1）。
活動 2.1 反思：10 分鐘	(2) 延續前活動分組。
活動 2.2 進行：10 分鐘	2. 每組（建議 5 人一組）：模型車 TAKARA-TOMY 模型車一盒。
活動 2.2 改進：10 分鐘	3. 個人：
總結討論：5 分鐘	(1) 活動學習單 1。
總計 50 分鐘	(2) 活動學習單 2。
	【活動前準備】
	1. 在教室明顯處張貼好工程設計流程的海報。（附件 1.1 建議貼在黑板正前方）
	2. 各組桌上先擺好活動學習單（共計兩張，學習單 1&2）。

提醒 1：教師可以設計一個 PPT 檔案作為倒數計時器，投影在布幕上。或者準備一個計時器，每個字詞都固定給予 10 秒的時間強制作答，並進行下一個動作。

提醒 2：教師在活動前可以準備一個以組為單位的獎勵品，或是給予加分的動作，以刺激學生參與的外在動機。

活動 2.1：說明（5 分鐘）

1. 告訴你的學生，今天他們將透過幾項活動的進行，來幫助他們更深入地了解工程師的工作內容。
2. 向每個學生介紹並解釋：身為一名工程師，他們必須使用熟練的技能來設計技術解決問題。同時，引導式地提問：「那麼大家認為『Technology』技學這個名詞的涵義是什麼？」
3. 告訴學生，我們即將進行調查 Technology 這個名詞的活動，而第一項活動的目標是「正確識別什麼是技學」。
4. 延續前面活動的分組方式，讓每個小組都拿到一張作答卷（學習單 1）。
5. 你會持續導唸一串名詞清單。每個小組團隊將有 10 秒的時間討論並做出決定，如果他們認為這是一項技學，就在作答卷上 Yes 這個欄位填入該名詞；如果他們認為不是，則他們必須將該名詞填入 No 這一個欄位。
6. 待所有名詞導唸完後，教師才會統一公布答案。答對一個選項，他們將會得到 1 分，答錯不扣分，總分 15 分，分數越高代表對技學的概念越佳。

活動 2.1：進行（10 分鐘）

1. 教師發放「學習單 1」。
2. 確認每人都有拿到學習單後，教師開始唸學習單 1 上的名詞，並同步計時限制學生每題作答時間為 10 秒。若有投影設備的教師，建議將字詞投影在布幕上，並同步顯示計時器。（提醒 1）
3. 鼓勵小組成員可以輕聲討論，但禁止大聲說出自己的答案以免影響別人。
4. 當所有小組都完成了答案後，統一公告正確答案，並開始計分，最高分者為獲勝隊伍。（提醒 2）
5. 若有同分隊伍，則利用技術清單最後五題進行搶答，決定最後獲勝隊伍。若無同分隊伍，教師可利用剩餘的五題做個別學生的問答，適當給予鼓勵，並確認學生是否集中精神參與活動。
6. 活動結束。

活動 2.1：反思（10 分鐘）

1. 告訴課程中的學生，工程師就是剛剛活動中設計（技學）的人。

2. 請學生參閱剛剛活動的表單，並提問與鼓勵回答。

3. 教師問：大家認為這些（技學）有什麼共同之處？
   學生答：工程師設計它們（技學），使得事情變容易處理，也協助解決了問題。

4. 教師問：大家認為非技學的項目有什麼共同之處？
   學生答：它們似乎都是很自然而生。人們並沒有透過設計來改變它們、利用它們。

5. 教師問：同學們認為上一個活動中畫停車格是技學嗎？是或不是有判斷的依據嗎？
   學生答：是！因為這個過程我們經歷了「設計」，並透過設計來解決停車位規劃與動線進出的問題。

6. 告訴並鼓勵學生，他們將在這個課程中進行大量的技術設計和不斷地修正改進，而這就是作為工程師的工作內容。

7. 最後，請學生在學習單上寫下 Technology—技學的清楚定義：「技學是指所有被人為設計來解決問題的一切事物」。而這個觀念，在接下來的活動中務必隨時提醒彼此。

活動 2.2：進行（10 分鐘）

1. 讓學生們知道在這個活動中，我們需要他們親自觀察身邊所遇到的問題，並解釋這些設計是如何被設計來解決問題。

2. 請各組觀察他們桌上裝載汽車模型的小盒子並引導詢問（學習單 2）：

   (1) 教師問：「這個盒子解決了什麼問題？」
       學生答：「方便包裝、統一規格、保護商品。」

   (2) 教師問：「你們的盒子跟別人的盒子大小一樣嗎？」
       （同個小組中，應該有至少兩盒不同的模型車外包裝盒）
       學生答：「盒子大小都是一樣的！」

   (3) 教師問：「那有什麼是不一樣的？」
       學生答：「汽車的廠牌跟型號、照片、比例尺。」

   (4) 教師問：「這些不一樣的東西，為什麼要被設計印上去？」
       學生答：「為了區別商品內容的不同、可以讓購買者清楚知道這個商品的內容。」

3. 告訴各小組的學生，他們將有 5 分鐘的時間做一些觀察與討論。

4. 教師啟動計時器，並在結束前一分鐘明確提醒，請各個小組討論出所有的問題並記錄下來。

5. 讓他們在學習單上面記錄自己所觀察與討論的結果。

6. 請各小組的學生分享他們所觀察到的現象，並回答上述步驟 2. 的所有問題，教師務必聚焦並引導讓學生回答出正確的觀察結果。

活動 2.2：改進（10 分鐘）

1. 透過上面的活動，讓學生清楚技學的定義。他們已體驗了透過觀察事物的不同之處，來考量這些事物是否被妥善地設計。

2. 告訴學生，在這個活動中，我們將扮演工程師的角色來觀察並改善現有的技學。他們需要確定技學問題並找出如何改進它。

3. 各個小組有 10 分鐘的時間進行技學修改的討論，請他們做出討論並記錄在學習單 2 中，也將邀請他們分享自己小組的改進策略。

4. 請學生針對在上述活動中所觀察的盒子外包裝，進行討論：

   (1) 教師問：「同學們，假若你是工程師，看到了別的公司設計了這樣的外包裝盒，請你觀察這個盒子有什麼地方需要改進？」

   (2) 教師：「大家只需提出一個需要改進的地方，並提出你們小組決議該怎麼修改這個問題？大家只有 10 分鐘的時間喔，請把握時間！」

   (3) 教師：「請同學思考，如果你們已計畫好怎麼解決這個問題？那你們會需要什麼樣的材料、方法？它會不會產生新的問題？」

5. 鼓勵所有的組員參與小組的討論。每隔 5 分鐘，告訴學生他們還剩多少時間，務必聚焦並記錄下大家的討論。

6. 最後一分鐘時再次提醒同學，小組必須做出決定，並準備與大家分享。

7. 當所有小組都完成了設計與討論後，開始輪流讓各個小組的組長上台發表他們所發現的問題及改善的方法。

8. 當所有學生都看到了各個小組的設計後，教師可以提出問題引導聚焦：
   (1) 教師問：「各個小組所提出的觀察與解決方式都非常精彩，那大家針對別的小組所觀察設計的內容有其他看法嗎？」
   (2) 教師問：「可能大家都太聚焦自己的發現，那我們現在來看看其中一組的問題（教師可以自己找一組最有趣的當作示範），你們能想到有其他的技學可以改進這個問題嗎？」
9. 教師應該鼓勵所有的答案，並引導他們思考：「所有的技學都是為了解決問題，而相同的問題不會永遠只有一個解決方法，工程師就是不斷提出解決問題方法的人。」

總結討論（5 分鐘）

1. 讓各小組總結他們學到的東西，並引導提問以下問題：
   (1) 教師問：「完成本節活動後，你可以告訴身邊其他人什麼是 Technology 嗎？它的重點是什麼？」
       學生答：「技學就是指人們設計來解決問題的一切事物。」
   (2) 教師問：「那誰創造技學？」
       學生答：「工程師是創造技學的人。」
   (3) 教師問：「那技學會不會永遠不變？」
       學生答：「技學永遠都可以改變，不同的材料工具或是方法就是不同的技學。」
2. 讓學生們去反思工程師的工作內容，並確認自己有資格變成一個工程師，自己也可以透過不斷改進技學的方式來解決問題。

第三節：科技導入與利用（一）

活動 3（50 分鐘）：學生將透過科技產品去做目標地區的圖資查詢，並練習轉繪成平面圖形以便於規劃與討論。

【活動時間】	【準備活動材料】
問題說明（5 分鐘） 測量工具的學習（25 分鐘） 實際操作與測定（20 分鐘） 共計 50 分鐘	1. 小組：筆電一台。 2. 個人：A4 白紙一張。
	【活動前準備】
	1. 投影機與筆電設置完畢。 2. 確認教室空間可以上網。 3. 各組至少有一台筆記型電腦可上網。 4. 公告目標地點的網址。
註：教師的電腦要能夠投影在螢幕上。	**活動問題說明（5 分鐘）** 1. 告訴學生，工程師在面對問題時，需要透過合適的工具來協助他們設計、改善技術，以便解決問題。今天他們將開始規劃真正的停車場，第一個挑戰就是學習工程師善用手邊的工具來準確地將場地資料測量出來並繪製到平面方格紙內。 2. 告知學生他們在接下來的兩節活動中將以組為單位做場地測量，透過科技工具 Google Map 來做平面空間的測量，並將測量的數據同步轉錄繪製到 A4 的白紙上。 3. 向同學提問： 　(1) 教師提問：「同學們知道 Google Map 嗎？」 　　　學生回答：「知道，可以拿來做地圖導航，也可以看街景。」 　(2) 教師提問：「那除了導航外，還可以用來做什麼呢？」 　　　學生回答：「好像可以拿來量地圖，但不知道怎麼使用。」 　(3) 教師回答：「別擔心，我們接下來的活動就是要教大家怎麼使用科技工具來幫助我們測量生活周邊的土地大小。」 **測量工具的學習（25 分鐘）** 4. 請同學拿出學習單 3，進行教學。 5. 開始引導同學完成學習單 3 的學習內容。 **實際操作與測定（20 分鐘）** 6. 完成了學習單 3 後，為了確認學生是否理解，請教師各組隨意抽測 1 人（儘量鼓勵學習動機低落的孩子參與），請他上台操作教師的電腦做指定範圍的測定。

	7. 待所有組代表都完成測量後，請一同將測量後的數據資料填寫在黑板上，共同檢視討論答案的正確性之後，教師可視剩餘時間再重複步驟 6 的活動。

第四節：科技導入與利用（二）

活動 4（50 分鐘）：學生將透過科技產品去做現地面積與長度測量，進階協助完成後續停車場規劃的相關活動。

【活動時間】	【準備活動材料】
問題說明（5 分鐘） 測量工具的學習（25 分鐘） 實際操作與測定（20 分鐘） 共計 50 分鐘	1. 小組：筆電一台。 2. 個人：A4 白紙一張。 **【活動前準備】** 1. 投影機與筆電設置完畢。 2. 確認教室空間可以上網。 3. 各組至少有一台筆記型電腦可上網。 4. 公告目標地點的網址。
註：教師的電腦要能夠投影在螢幕上。	**活動問題說明（5 分鐘）** 1. 告訴學生，工程師在面對問題時，需要透過合適的工具來協助他們設計、改善技術，以便解決問題。透過上一個活動，我們學習到如何使用 Google Map 做特定地點的搜尋，緊接著我們需要進一步的測量土地長度、寬度甚至是面積。 **測量工具的學習（25 分鐘）** 2. 請同學拿出學習單 4，進行教學。 3. 開始引導同學完成學習單 4 的學習內容。 **實際操作與分享（20 分鐘）** 4. 完成了學習單 4 後，請各組同學指派代表上台分享其選定的停車場預定位置與圖資相關資料，並說明選擇此地點的原因。

第五、六節：停車場學問大

活動 5（100 分鐘）：學生將親自動手實際參與停車場規劃的所有問題。

時間分配	內容說明	備註
開始任務 （5 分鐘）	1. 情境說明：國立彰化師範大學進德校區近年來因校方努力辦學，且多興建了王金平游泳池與王金平大樓，導致現階段進出校園的人數眾多，地面與地下停車位早已不敷使用。校方有意在校內尋覓一塊閒置空地改建為專屬停車場。 2. 如附圖，這是國立彰化師範大學進德校區的 Google Map 空拍圖，校方開放進行停車場規劃競賽，期盼同學們能夠集思廣益，協助校方做出最佳停車場規劃。	附圖連結： https://reurl.cc/62kAY5
限制與標準 （10 分鐘）	1. 土地選取皆為校區內既有的空地，不得拆除任何建築物或是切分成不連續土地。 2. 所有停車位務必符合法規「停車格位與禁停標線之劃設原則」之規定，如連結。 3. 車位規格為「小型車」，車位數至少要 25 格以上，越多越好。 4. 必須設置「殘障車位」至少 2 格。 5. 整地費用表： 6. 出入口設置費用： 7. 所有車輛必須有車道能夠自由移動到出入口。 8. 所有總預算 1,000 萬。	法規連結： https://reurl.cc/GVDMYd

整地費用表：

項目	單位	費用
整地	一平方公尺	2000 元
測量與畫線	一公尺	1000 元

出入口設置費用：

項目	費用	限制說明
人工管制	機器 10 萬	必須分別設置出、入口車道
車牌辨識系統	費用 50 萬	透過電腦管控出入口車道可共用

繪製設計圖 （15 分鐘）	1. 發放學習單 5，同學可透過公用印表機將 Google Map 空拍圖截圖列印，並轉繪製平面設計圖。 2. 同學在繪製的過程中，同時查詢法規如何規定停車格大小。 3. 鼓勵學生在平面設計圖的轉繪時也須注意周邊環境的狀況（如聯外道路、既有校舍是否受影響）。
停車場設計 （20 分鐘）	1. 各組可將自我選定的停車場預定地平面圖給授課教師確認該場地確實存在校區內且為合適空地，即可開始設計。 2. 每組都有一張 A4 大小的空白紙可以做設計，也有模型車可做模擬。 3. 最後 5 分鐘提醒
測試 （10 分鐘）	1. 提醒各組同學將財務規劃的細則內容記錄下來，並加總回報預算。 2. 若預算超過請做修正減少停車格或是改變設施，若預算有剩餘過多者，鼓勵是否可以增加停車格數做最佳利用。
討論 （15 分鐘）	1. 請將你們的設計圖繪製在學習單上，15 分鐘後要跟別的組別介紹你們的設計內容，以及預算使用狀況。 2. 請各組選兩位同學作為參訪員，兩位同學留在本組作為講者。準備一下你們這一組要分享的內容。
世界咖啡館 （20 分鐘）	1. 請各位講者留在原組別，參訪員請往你的下一組移動，請第一組的參訪員前往第二組，第二組去第三組，最後一組請到第一組。 2. 請各組開始分享，分享時間有 3 分鐘。 3. 講者可以把被問到的問題及回饋寫在學習單第____頁，參訪員想法可以記錄在第____頁。 4. 3 分鐘到就換組，再往下一組。
總結 （5 分鐘）	教師可針對以下特殊表現給予適當的鼓勵與說明： 1. 停車格數最多。 2. 預算管控最佳。 3. 友善環境最佳。 4. 其他。

學習單 1

項目名稱	它是技學 （Technology）嗎？	項目名稱	它是技學 （Technology）嗎？
電腦		綁鞋帶	
直尺		太陽	
遙控器		下雨	
鹿茸		扇子	
中藥材		豪大雨	
棉花		健身房	
手機		火車	
發電風車			

【Yes】這是技學	【No】這不是技學
這些被稱為技學的共通點是：	這些不是技學的共通點是：

學習單 2

一、請仔細觀察這些盒子，互相比較它們之間的相同或相異之處，與你的朋友討論並回答下列問題：	

問題	你的回答
Q1：這個盒子解決了什麼問題？	
Q2：你們小組裡的相異盒子大小都一樣嗎？	
Q3：那有什麼是不一樣的嗎？	
Q4：這些不一樣的東西，為什麼要被設計印上去？	

二、假若你是工程師，看到了別的公司設計了這樣的外包裝盒，請觀察這個盒子有什麼地方需要改進？會怎麼改進？請寫下你的想法：	

問題	你的回答
Q1：請問你看到了什麼地方需要改進？	
Q2：請問你會採用什麼方法、工具來改進？	
Q3：請問你覺得修改後會不會有新的問題產生？	

學習單 3　Google Map 的基本查詢功能

一、使用 Google Chrome 瀏覽器，開啟 Google Map 網頁

二、輸入欲查詢的地點，請搜尋【彰化師範大學】

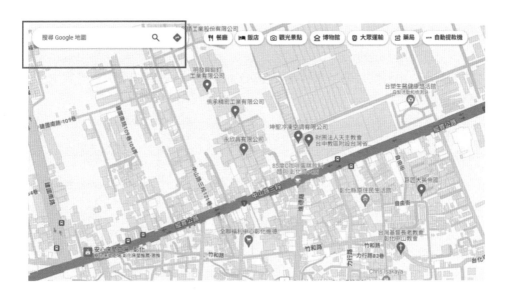

三、功能說明

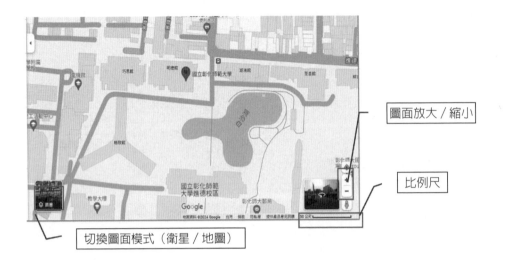

四、任務指派

- 請利用 Google Map 搜尋「彰化師範大學寶山校區」。
- 畫面為地圖模式。
- 比例尺單位為 10 公尺。
- 以創新育成中心為基準,簡易繪製目前 Google Map 的圖面資訊到下列空白圖格中。

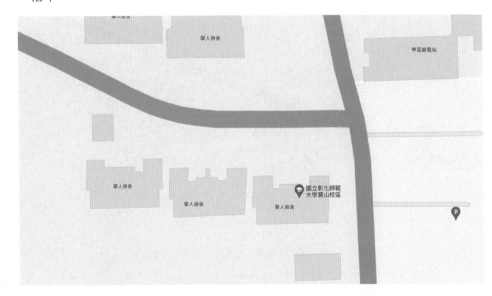

學習單 4　Google Map 的進階查詢功能

一、透過 Google Map 查詢「彰化師範大學師培中心」。

二、將圖面切換到「衛星」模式。

三、比例尺單位爲 10 公尺。

四、利用 Google Map 內建功能「測量距離」，進行圖面測量。

五、將滑鼠移至方框虛線的角落處按下滑鼠右鍵，開啟功能選項，並點選「測量
　　距離」。

六、透過拖拉錨點，設定測量距離。

七、重複步驟六將欲測量的土地圈繞起來，獲得相關測量資訊並記錄。

八、實際操作，請利用 Google Map 測量國立彰化師範大學進德校區的運動場大
　　小的相關資訊：

• 直線跑道的最長距離：_____公尺。

• 中間綠色草皮的土地面積：_____平方公尺。

九、請在校園內找尋一片空地作為停車場的預定地，並遵循下列指示完成問題：

• 請利用 Google Map 軟體。

• 畫面為地圖模式。

• 比例尺單位為 10 公尺。

• 請簡易繪製停車場預定地的平面空拍圖及周邊相關道路與環境。

1. 請問該停車場的面積大小為_____平方公尺。

2. 為什麼會選擇這裡？你們的主要考量是？（簡述）

_____

_____

_____

學習單 5

一、請將小組所決定的停車場位置利用紅筆圈出來。

二、請繪製出該停車場的概略外圍輪廓並標註所有邊界的長度（以公尺計）。

總面積大小：＿＿＿＿＿＿＿（平方公尺）。

三、車格大小

請根據法規規定，完成下列停車格大小尺寸的紀錄。

車型	長（公尺）	寬（公尺）
小型車	5-6	2-2.5
身心障礙車	5-6	3.3 以上

請寫出你們規劃的停車格大小：

車型	長（公尺）	寬（公尺）
小型車		
身心障礙車		

請簡述你們的規劃有什麼特別的考量點嗎？

_____

_____

_____

四、請將停車場的初步規劃圖繪製於下方空格中，並標註**停車格線**、**道路**、**出入口通道**。

五、細部規劃

內容	數量／樣式	單價	小計
小型車格數			
殘障車格數			
出口方式			
車格總面積			
車道總面積			
土地總面積			
總計			

附件 **1.1**　工程設計流程圖

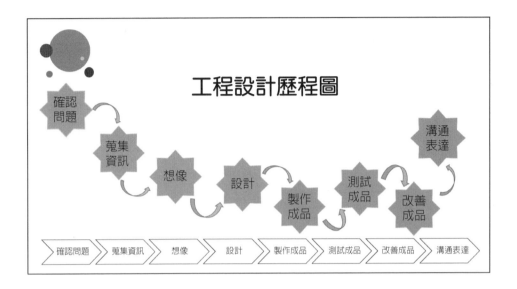

第九章

STEM 教案設計
融入探究範例

觀光船

　　前一章的 STEM 教案強調科技、數學與工程。在本章節介紹「觀光船」的 STEM 教案，此教案主要融入科學知識（浮力原理、作用力、反作用力）、科學探究；科技中所強調的製作成品以及工具的使用；數學的計算；工程則是設計的歷程（請參見章末教案：觀光船）。

STEM 教案設計前的思考

　　船本身是一個非常好的 STEM 活動。在早期的原住民，他們需要使用木頭、竹子製作船。船有採用電力發動的船，也有採用風力發動的船。筆者參訪德國時，在德國基爾的海灣就有許多透過風力作為動力的帆船。夏威夷原住民透過風力引動木船行駛在各島嶼之間。臺灣的蘭嶼，有原住民所製作的木舟透過人力的操作在海上行駛捕魚。在高雄與基隆港則有商船、貨船與郵輪等。再加上臺灣四面環海，船是許多學生熟悉的議題，也是很好發揮的 STEM 教學活動。

　　因此教師可透過歷史、文化的融入增加「船」的教案豐富度，讓學生認同製作船的主題，可幫助居民改善與提升生活品質。

　　船的主題有科學領域的浮力概念，以及船行駛中作用力、反作用力的觀念。數學領域中的體積概念，以及測量的概念。在科技領域則是如何連結電路，使船身能透過電能所產生的動能移動。工程領域的特質則是工程設計的歷程。因此，此主題可延伸許多的 STEM 教案與教學活動。

STEM 教案的設計與執行

　　本活動具備三個工程設計歷程循環，在第一個循環中的任務是，學生學習如何設計船體能承載最重的物品並能浮在水上 10 秒鐘。學生在此活動中可體會到浮力等於排開同體積的水重。有時學生會發現船體承受的重

量比船的體積大，主要是水的表面張力造成，學生可透過船體側面的照相看到水的表面張力。第一個活動的主要目的是，讓學生明白設計最大的船體積（容量）是承載最重物品的關鍵因素，同時也學到浮力的原理。

本活動的第二個工程設計歷程是，提供學生下一個任務，將原先所設計的船加上馬達，使船能行駛在水上。教師可決定讓船直線行駛最快或是最慢，作為任務的要求。學生在裝螺旋槳時可決定要裝哪一種螺旋槳，也決定螺旋槳是放在水下或是放在船的上端，一種是攪動水，造成水流讓船前進，一種是螺旋槳打空氣造成氣流流動讓船前進。學生在製作船體，安裝螺旋槳、馬達與電池的過程中，也學習到電線、電源、電阻的連結如何造成通路，使船有動力能行駛。

在過去的教學經驗中，很多學生對於電線如何連結造成通路的動手做技巧不太熟練，教師可先示範給同學看，再讓學生自行操作。由於第二個活動是使用珍珠板或是 PP 板，很多同學使用大量的膠帶，試圖黏貼船體的縫隙，但是效果並不佳，仍會漏水，最好的方式是採用膠水進行黏貼，只是時間會比較需要長一點。教師可跟同學進行討論，並學習到要採用哪一種工具進行活動是科技領域的本質，另外也可學習到欲速則不達的真正意義。

小組學生製作完船體後可進行測試，教師要準備四個大的長方形水盆（裝衣物用的白色塑膠箱，有輪子可移動箱子），裝滿水，讓學生可在水盆裡進行船隻行駛的測試。當學生進行測試時，他們會發現船雖然可行駛，但是船頭會歪斜，無法直線前進。這時學生可繼續查資料，查到在船的底部要加入一個舵，此舵能幫助船身往前直行。另外同學在查詢資訊的過程中也可發現，船的外觀造型並不是正立方體而是有一些的弧度，讓船在行駛的過程能降低水面的阻力。

等第二輪的船設計好之後，小組可將船的造型精緻化或是美化成為觀光船。最後將自己小組的觀光船製作與設計過程寫出，並在全班同學面前報告。教師再進行全班票選的活動，選出設計最佳的觀光船，將全班的資金全部投入進行量產的步驟。

　　依據筆者的教學經驗，觀光船的 STEM 活動，學生的參與度與反應都很好。此活動可針對不同年級的學生加以調整，或是降低難度，或是增加學科知識的教導。

　　在筆者任教的經驗中，曾經有工學院的學生非常投入此活動，他在家中使用工程繪圖軟體精確的設計船的結構圖（包含長、寬、高以及船體各部分的大小、造型與尺寸），當此組同學進入教室後，透過上課前小組的溝通協商，大家分工依據設計圖在一小時內一起完成觀光船的製作，且測試成功。這說明只要 STEM 的活動能引發學生的學習動機與投入程度，學生們的表現會讓教師與其他組成員產生驚豔的效果。

　　章末將列出觀光船的教案，以及我們所設計的學習單，讓學生在進行活動中，能將其學習的歷程記錄下來。由於此活動有較多的科學概念以及科學的特質，因此我們在學習單的設計融入了探究的內涵，加入假設、操作變因、應變變因以及控制變因。透過這樣的方式融入探究的內涵，可讓學生在進行 STEM 活動中能加以聚焦，否則處理太多的變因，在進行的過程中會失去焦點。請讀者在閱讀的過程中，欣賞我們所設計的學習單如何凸顯探究的內涵以及工程設計的歷程，再由學習單配合教案的教學流程，看出教師如何透過活動的設計以及學習單，幫助同學展現其科學學習表現。

結語

　　本章主要說明筆者與研究團隊如何設計「觀光船」的 STEM 教案，以及如何執行。在過去實施的經驗中，學生非常喜愛此活動。本活動的特色是將科學探究的精神融入 STEM 教學活動中以及學習單的設計中，因此學生可同時學習探究與 STEM 的精神。教師可依據學生的經驗與動手操作的能力，調整此活動為兩週或是延長到數週的課程活動。本活動也可加入許多歷史與人文領域的內涵，讓此活動能展開更多跨領域的課程學習。

觀光船

（王馨慧修改自張端耘觀光船教案）

一、活動設計

主題名稱	觀光船	對象	師培生
總節數	6 節課（300 分鐘）	實施地點	彰化師範大學
實驗器材	剪刀、美工刀、膠帶、保麗龍膠、A4 大小 PP 板、A4 大小珍珠板、300g 紅茶、電線、電池、電池盒、馬達標準三葉螺旋槳、尼龍螺旋槳、正反螺旋槳、三葉螺旋槳。		

課程目標

科學（S）

1. po-Va-2 學生能依據蒐集資料和小組討論方式，提出適合的科學探究或適合以科學方式尋求解決的關鍵問題（或假說）。
2. pc-Va-2 學生分析船的測試結果所獲得的自然科學資訊或數據，並利用口語、影像、文字與圖案、繪圖或實物方式，呈現出探究之過程和發現與成果。
3. Eb-IV-6 學生能夠透過簡易船的實驗了解到物體在靜止液體中所受浮力，等於排開液體的重量。
4. PEb-Va-8 學生知道當船行駛時水會給一個相反的力，而影響船行駛的力稱為反作用力。

科技、工程（T、E）

1. 生 P-IV-2 學生能根據小組討論出的結果，繪製出理想中船的設計圖。
2. 設 c-IV-3 學生具備與人溝通、協調、合作的能力，與小組中其他成員共同完成課程。
3. 科 J-A2 運用科技工具，理解與歸納問題，進而提出簡易的解決之道。
4. 科 J-A1 學生具備良好的科技態度，並能應用科技知能，以啟發自我潛能。

數學（M）

1. n-III-9 學生能理解比例關係的意義，並能製作出與設計圖相同比例的船成品。
2. s-IV-16 學生能計算立體圖形船的體積。

二、評量方式

學生表現	評量方式	評量
學生能找到重要變因設計其探究的假設。 po-IV-2	學習單	A. 能找到變因從中提出實驗假設。 B. 不清楚變因有哪些但能提出實驗假設。 C. 不清楚變因有哪些且提出的實驗假設與船無關。

學生能找到重要變因設計實驗中的實驗組和對照組。 pe-IV-1、pe-IV-2	學習單	A.知道影響多個的變因，並設計出實驗組和對照組。 B.知道影響一個變因，只設計出實驗組和對照組。 C.知道影響的變因，無法設計出實驗組和對照組。 D.不清楚的變因，也無法設計出實驗組和對照組。
學生藉由不同材質的特性取用器材。	活動中實作環節	A.能取用合理素材並解釋理由。 B.能取用合理素材並解釋部分理由。 C.能取用合理素材但不會解釋理由。 D.不能取用合理素材且不會解釋理由。
學生能夠利用器材加工。 設 s-IV-2	活動中實作環節	A.能依材料正確選擇手工具及熟練其操作方式。 B.能依材料正確選擇及安全操作手工具。 C.能依材料適當選擇及安全操作手工具。 D.僅能依材料選擇及操作部分的手工具。
學生能夠從測試中了解到該如何修改。	學習單	A.能知道需要修改的地方及運用現有材料能夠順利解決問題。 B.能知道需要修改的地方但無法順利地解決問題。 C.不清楚要修改的地方但是願意嘗試解決問題。 D.不清楚要修改的地方也不願意嘗試解決問題。
學生將實驗結果記錄下來，並能夠說出：根據實驗結果得知……，並說出其可能原因。 tr -IV-1、tc-IV-1	上台發表、世界咖啡館	A.學生清楚了解實驗過程，將實驗結果統整之後，能夠清楚的呈現出來，並且能夠有根據的說出推測其影響原因。 B.學生清楚了解實驗過程，將實驗結果統整之後，能夠清楚的呈現出來，但不太清楚了解其影響原因。 C.學生清楚了解實驗過程，將實驗結果統整，但學生呈現得不太完整。 D.學生無法了解實驗的過程，且不知如何進行說明實驗結果。

三、活動流程

第一週　簡易船（兩堂課100分）					
教學模式	時間	教師活動	學生活動	教具	評量
課前準備		1. 準備上課需要用到的材料，製作船的工具，以及測量船重量的工具。 2. 依照課程流程設計相對應的學習單以及PPT。	預習國中八年級下學期理化6-4浮力課程。	1. 基本材料：剪刀、美工刀、膠帶、尺、保麗龍膠、珍珠板、PP板。 2. 測量承載重量的工具：麥香紅茶一包325g準備10包（多於小組數）、華司一個7g準備50個。 3. 學習單。 4. PPT。	
引起動機	5	1. 情境： 因新冠肺炎疫情影響暫時不能自由出國旅遊，臺灣離島的「偽出國」已成為國人的首選。 因此各位同學，我們這幾週接到任務是要來開發一艘觀光船。 2. 確認活動目標：要製作出一艘至少能承載一包325克的麥香紅茶在水面上浮著超過10秒的船。 3. 限制： (1) 一艘船只有一張PP板或珍珠板可以使用。 (2) 不可以用膠帶和其他工具作為船身。	學生沉浸課程安排的情境中，更能感受活動目標。	1. 學習單。 2. PPT。 3. 相關訊息：疫情肆虐難出國 國旅爆發離島超夯！｜華視新聞20201024。疫情下的臺灣觀旅，發展出嶄新模式。獨立特派員，第675集（新國旅的逆襲）。	學習單

蒐集資料	15	1. 引導學生進行小組討論，並到各組巡視學生學習狀況。 2. 確認學生實驗組和對照組的控制變因、操作變因、應變變因，是否與假設相符。	1. 各組思考並討論製作船的需求，並觀察有哪些材料能夠達到所要的目標。 2. 學生透過上網蒐集相關資訊以得知影響船能夠浮起來的變因有哪些，經過小組討論提出實驗的假設，以及依照實驗步驟完成實驗組和對照組的控制變因、操作變因、應變變因。	學習單（編號 1）、PPT	學習單
繪製設計圖	10	請同學在繪製的過程中不斷去思考如何符合標準。	各小組依照提出的假設繪製實驗組和對照組船的設計圖。	學習單（編號 2）、PPT	學習單
世界咖啡館	15	引導學生進行世界咖啡館活動：一組中有五位同學，其中兩位同學在原小組進行講解，剩下三位同學分開至其他組參觀其他人的想法，稱為一輪的世界咖啡館分享。	1. 小組成員中分配好各自擔任的角色後，進行兩輪世界咖啡館活動，每輪進行 5 分鐘分享。 2. 進行完世界咖啡館活動時，回到原小組討論：哪些地方需要修改。	學習單（編號 3、4）、PPT	學習單

實作	25	過程中教師藉由提問引導思考（每 10 分鐘提醒一次）： 1. 你們遇到了什麼問題？ 2. 你們是怎麼解決的？ 3. 你們為何覺得這樣有用？	1. 小組們利用現有的材料，並思考和安排該如何運用有限的材料製作船。 2. 學生製作完可將船拿至前方的水箱內測試是否能夠浮起，並在內部放置紅茶和華司測試能夠承載多少重量，以便思考是否符合預期，若不符合預期該如何修改。	1. 基本材料：剪刀、美工刀、膠帶、尺、保麗龍膠、珍珠板、PP 板。 2. 測量承載重量的工具：麥香紅茶 1 包 325g 數個、華司一個 7g 準備 50 個（讓全班一起使用）。 3. 學習單（編號 6）。 4. PPT。	1. 學習單 2. 運用適合的工具完成各組的船
比賽	15	請各組派一位代表至台前說明製作的船。	各組分享各自的船，並拿小船到前面的水箱內進行測試，測試製造的船能承載多少的重量。	學習單（編號6）	
學科知識	10	1. 請各組將船體的體積算出來，並比較浮力與承載重量之間的關係。 2. 解釋阿基米德原理：我們的船在水面上浮著需要的是浮力，浮力是因為船底的水壓把船往上托造成的，阿基米德在 2,000 多年前發現浮力和液體			

			下的體積成正比，所以也叫做阿基米德原理。我們用一樣大的 PP 板，可以做出不同大小的體積。我們請做出體積最大的組別分享一下，他們是怎麼嘗試做出來的。			
總結	5	預告下週活動 ── 觀光動力船。	小組討論： 1. 實驗結果。 2. 實驗是否符合預期，有哪些地方需要修改。	學習單 （編號 7、8）	

第二週　觀光動力船（四堂課 200 分鐘）					
教學模式	時間	教師活動	學生活動	教具	評量
課前準備		1. 準備上課需要用到的材料，製作船的工具，以及測量船重量的工具。 2. 依照課程流程設計相對應的學習單以及 PPT。	1. 複習國中八年級下學期理化 6-4 浮力課程。 2. 預習國中九年級上學期理化牛頓運動定律。	1. 基本材料：剪刀、美工刀、膠帶、尺、保麗龍膠、電線、電池、電池盒、馬達、珍珠板、PP 板、標準三葉螺旋槳、尼龍螺旋槳、正反螺旋槳、三葉螺旋槳。 2. 測量承載重量的工具：麥香紅茶一包 325g（個數多於小組數）、華司一個 7g 共 50 個（全班一起使用）。 3. 學習單（任務二）。 4. PPT。	

引起動機	10	1. 情境：上週同學們依照活動目標製作了一艘能夠承載最大重量的船，接下來難度加深，觀光船不會只有船身，它要有可以載客的動力。 2. 確認活動目標：要製作出一艘能承載最大重量的船，並直線行駛最緩慢從水盆的一端行駛至水盆的另一端。 3. 限制： (1) 一艘船只有一張 PP 板或珍珠板可以使用。 (2) 不可以用膠帶和其他工具作為船身。	學生沉浸課程安排的情境中，更能感受活動目標。	學習單（任務二）、PPT	
蒐集資料	15	1. 引導學生進行小組討論，並到各組巡視學生學習狀況。 2. 確認學生實驗組和對照組的控制變因、操作變因、應變變因，是否與假設相符。	1. 根據上禮拜的實驗結果，各組思考並討論製作船的需求，並觀察有哪些材料能夠達到所要的目標。 2. 根據上禮拜的實驗結果，小組討論得出影響船能夠浮起來的變因有哪些，並考慮這禮拜有加了能夠移動的條	學習單（編號9）、PPT	學習單

			件，所以須討論出該使用哪種風扇，以及將風扇裝在船的哪些位置，因而提出實驗的假設。 3. 學生透過上網蒐集相關資訊以得知影響船能夠浮起來的變項有哪些，經過小組討論提出實驗的假設，以及依照實驗步驟完成實驗組和對照組的控制變因、操作變因、應變變因。		
繪製設計圖	15	請同學在繪製的過程中不斷去思考如何符合標準。	各小組依照提出的假設繪製實驗組和對照組船的設計圖。	學習單（編號 10）、PPT	學習單
世界咖啡館	15	引導學生進行世界咖啡館活動：一組中有五位同學，其中兩位同學在原小組進行講解，剩下三位同學分開至其他組參觀其他人的想法，稱為一輪的世界咖啡館分享。	1. 小組成員中分配好各自擔任的角色後，進行兩輪世界咖啡館活動，每輪進行 5 分鐘分享。 2. 進行完世界咖啡館活動時，回到原小組討論：哪些地方需要修改。	學習單（編號 11、12）、PPT	學習單

實作	30	過程中教師藉由提問引導思考（每10分鐘提醒一次）： 1. 你們遇到了什麼問題？ 2. 你們是怎麼解決的？ 3. 你們為何覺得這樣有用？	1. 小組們利用現有的材料，並思考和安排該如何運用有限的材料製作船。 2. 學生製作完可將船拿至前方的水箱內測試是否能夠浮起，並測試加了扇葉之後，船移動的結果是否符合預期，若不符合預期該如何修改。 3. 請同學記錄船行進的時間以及行進的方向是否為直線。	1. 基本材料：剪刀、美工刀、膠帶、尺、保麗龍膠、電線、電池、電池盒、馬達、珍珠板、ＰＰ板、標準三葉螺旋槳、尼龍螺旋槳、正反螺旋槳、三葉螺旋槳。 2. 測量承載重量的工具：麥香紅茶一包325g 數包（超過小組數）、華司一個 7 g 共 50 個（供全班使用）。 3. 學習單（編號13、14）。 4. PPT。	1. 學習單 2. 運用適合的工具完成各組的船
比賽	30	請各組派一位代表至台前說明製作的船。	各組分享各自的船，並拿小船到前面的箱子裡進行測試。	學習單 （編號15）	
學科知識	15	1. 牛頓第三運動定律。 2. 船的構造介紹： 　(1) 舵的介紹：用舵使船在航行中保持所需航向、改變原來航向或進行迴旋運動的有關裝置的總稱。			

| | | (2) 穩向板介紹：
① 保持直立：穩向板船的船員們要利用他們自身的體重和對風帆的整理來保證穩向板船保持直立。
② 船體之下：所有穩向板船的船體下面都有一個可拆卸的水翼來防止船被吹翻。這個水翼可當作旋轉 90 度後插在駕駛座中間插板槽裡的中插板，也可以用作垂直插在穩向板槽裡的穩向板，但在上岸後要完整地將其拆下來。
③ 掠過水面：穩向板船的船體下面未安裝沉重的龍骨，因此可用來在水上滑行。當風力足夠強時（大部分穩向板船滑行時至少需要 3 到 4 級的風力），船體的前半部分會離開水面，整艘船依靠船尾在水面上高速滑行。 | | | |

PPT 製作	15		將設計的觀光船利用 PPT 分享給大家。	筆電	學生製作 PPT
報告分享	36	每組報告 3 分鐘，約 12 組共 36 分鐘。	各組至台前分享設計的理念及測試的結果（速度、承載量、造價、造型）並進行行銷。	學習單（編號 16、17）	學生製作的 PPT 分享
總結	19	1. 主持觀光船的投票活動。 2. 總結這三週活動。 3. 小組反思此活動的收穫。	一人會有兩票，學生可以進行投票。	學習單（編號 18）	

觀光船學習單

組別：＿＿＿＿＿＿　　姓名：＿＿＿＿＿＿

【任務一】製作簡易船

- 製作出至少能承載一包 325 克的麥香紅茶在水面上浮著超過 10 秒。
- 條件：一艘船只有一張 PP 板或珍珠板可以使用，不可以用膠帶和其他工具作為船身。

1. 蒐集資料（可以參考使用電子產品）

- 查詢資料紀錄（我查詢船種類、材料……的資料，了解到……）

　＿＿＿＿＿＿＿＿＿＿＿＿＿＿＿＿＿＿＿＿＿＿＿＿＿＿＿＿＿＿＿＿＿

　＿＿＿＿＿＿＿＿＿＿＿＿＿＿＿＿＿＿＿＿＿＿＿＿＿＿＿＿＿＿＿＿＿

　＿＿＿＿＿＿＿＿＿＿＿＿＿＿＿＿＿＿＿＿＿＿＿＿＿＿＿＿＿＿＿＿＿

- 我的假設為何？

　＿＿＿＿＿＿＿＿＿＿＿＿＿＿＿＿＿＿＿＿＿＿＿＿＿＿＿＿＿＿＿＿＿

　＿＿＿＿＿＿＿＿＿＿＿＿＿＿＿＿＿＿＿＿＿＿＿＿＿＿＿＿＿＿＿＿＿

　＿＿＿＿＿＿＿＿＿＿＿＿＿＿＿＿＿＿＿＿＿＿＿＿＿＿＿＿＿＿＿＿＿

- 我要如何設計來驗證我的假設？

變因	
控制變因	
操作變因	
應變變因	

【控制變因】在實驗過程中，會影響實驗結果的，我們將它保持固定不變的實驗因素。

【操作變因】實驗中，依據實驗需要而設定為可以調整或比較的條件。

【應變變因】即實驗的結果。

2. 繪製設計圖

• 請在下方畫出你的設計圖，並包含尺寸、使用材料、堆疊方式。

實驗組：

長：＿＿＿＿cm　寬：＿＿＿＿cm　高：＿＿＿＿cm，裝了＿＿＿＿克

實驗組設計圖：

說明：＿＿＿＿＿＿＿＿＿＿＿＿＿＿＿＿＿＿＿＿＿＿＿＿＿＿＿＿＿＿

＿＿＿＿＿＿＿＿＿＿＿＿＿＿＿＿＿＿＿＿＿＿＿＿＿＿＿＿＿＿＿＿＿

對照組：

長：＿＿＿＿cm　寬：＿＿＿＿cm　高：＿＿＿＿cm，裝了＿＿＿＿克

對照組設計圖：

說明：＿＿＿＿＿＿＿＿＿＿＿＿＿＿＿＿＿＿＿＿＿＿＿＿＿＿＿＿＿＿

＿＿＿＿＿＿＿＿＿＿＿＿＿＿＿＿＿＿＿＿＿＿＿＿＿＿＿＿＿＿＿＿＿

3. 世界咖啡館

• 講解者紀錄

對我們結構的建議	對我們設計圖的建議

- 參觀者紀錄

第　　組結構的優點

第　　組設計圖的優點

4. 小組分享

- 根據別組給的建議或者參觀者到別組欣賞，會想增加哪一些東西？並說明為什麼要修改？（若無修改的地方，也請說明為何不需要修改）

_____

_____

_____

5. 製作簡易船

- 基本材料：剪刀、美工刀、膠帶、尺、保麗龍膠。
- 需要選擇哪些材料（$）：PP 板（一張）$50、珍珠板（一張）$50

6. 組內小測試

- 紀錄

- 我們這組在測試的時候遇到什麼困難？

_____

_____

_____

7. 成品展示

• 聽完各組的介紹，你覺得哪一組的船設計得最好，並說明原因。

_____

_____

_____

• 在進行修改的時候，我們會想要修改哪些地方？該如何修改？

_____

_____

_____

8. 問題討論

• 與你們之前的假設是否符合？

_____

_____

_____

• 依據各組的測試結果，你覺得哪些因素影響船的承載能力？與你們之前的假設是否符合？

_____

_____

_____

【任務二】製作觀光動力船

• 製作出一艘承載客人量最大、直線行駛最緩慢、CP 值最高的觀光動力船，最後全班票選最值得投資的船。

• 條件：一艘船只有一張 PP 板或珍珠板可以使用，不可以用膠帶和其他工具作為船身，船加裝馬達及螺旋槳。

9. 蒐集資料（可以參考使用電子產品）

• 查詢資料紀錄（我查詢船種類、材料……的資料，了解到……）

_____

_____

_____

• 我的假設為何？

_____

_____

_____

• 我要如何設計來驗證我的假設？

變因	
控制變因	
操作變因	
應變變因	

【控制變因】在實驗過程中，會影響實驗結果的，我們將它保持固定不變的實驗因素。
【操作變因】實驗中，依據實驗需要而設定為可以調整或比較的條件。
【應變變因】即實驗的結果。

10. 繪製設計圖

• 請在下方畫出你的設計圖，並包含尺寸、使用材料、堆疊方式。

實驗組：
長：_____cm　寬：_____cm　高：_____cm，裝了_____克
螺旋槳的位置_____形狀_____

實驗組設計圖：

說明：_____

_____

對照組：

長：_____cm　寬：_____cm　高：_____cm，裝了_____克

螺旋槳的位置_____形狀_____

對照組設計圖：

說明：_____

_____

11. 世界咖啡館

• 講解者紀錄

對我們結構的建議	對我們設計圖的建議

• 參觀者紀錄

第　　組結構的優點	第　　組設計圖的優點

12. 小組分享

• 根據別組給的建議或者參觀者到別組欣賞，會想增加哪一些東西？並說明為什麼要修改？（若無修改的地方，也請說明為何不需要修改）

_____

_____

_____

13. 製作觀光動力船

• 基本材料：剪刀、美工刀、膠帶、尺、保麗龍膠、電線、電池、電池盒、馬達。

• 需要選擇哪些材料（$）：PP 板（一張）\$30、珍珠板（一張）\$ 30、標準三葉螺旋槳 \$10、尼龍螺旋槳 \$10、正反螺旋槳 \$10、三葉螺旋槳 \$10。
請列舉你們各項花費並總和出花費成本：_____

14. 組內小測試

• 紀錄（請用客觀的方式記錄，使得投資者相信你的測試結果）

_____

15. 行銷推銷

• 某廠商對於大家製作出的觀光船很有興趣，請你用一段話來說明你們的觀光船的特色與設計理念是否達到任務目標。

_____

_____

_____

16. 成品展示

• 聽完各組的介紹，你覺得誰的動力船最好，並說明原因。

_____

_____

_____

• 在進行修改的時候，我們會想要修改哪些地方？該如何修改？

_____

_____

_____

17. 問題討論

• 與你們之前的假設是否符合？

_____

_____

_____

• 依據各組的測試結果，你覺得哪些因素影響船的速度？與你們之前的假設是否符合？

_____

_____

_____

18. 成品展示並投票

• 聽完各組的介紹，你想投票給哪一組的觀光船，並說明原因。

_____

_____

_____

- 你對自己小組的設計以及實驗結果有何感想？

- 從觀光船活動中你學到什麼？

第十章

由探究轉化到 STEM 的教案設計與教學

由於 STEM 提供了許多的機會，讓科學、科技、工程、數學領域甚或是藝術領域加入 STEM 教學，因此在坊間會看到各種 STEM 的活動，例如：機器人、自動灑水器、樂高或是智高的活動等等。其實每一種領域加入 STEM 的潮流都有其所欲強調的重點，因此不同領域的學者在推動 STEM 活動時，可明顯的看出特定領域在 STEM 活動中所彰顯的特色。

身爲科學教師，我們要如何的展現 STEM 活動中科學的特質呢？本章中，我們將幫助教師們在原本的探究教學活動中轉換爲 STEM 的教案設計與教學。讓科學教師能明瞭過去的探究教學的經驗以及教案設計，對於轉化到 STEM 教案與教學是很好的途徑。

探究教案轉換為 STEM 教案與教學

我們回顧第九章觀光船的教案設計，裡面有許多的科學知識與內涵，因此在進行 STEM 教案設計時，可自然的融入探究的特色於 STEM 活動中，使得學生在進行中能加以聚焦，而要改善的變因不會過度的發散。接著筆者介紹如何的將既有的探究教案轉換爲 STEM 教案。

在第四章的探究教案中，我們所找的議題是降落傘，但是在相同的降落傘設計結構中，我們先思考生活情境中有沒有可進行的議題。在蒐集新聞事件中，我們發現許多的山上部落一有颱風、豪大雨或是地震就道路封閉，因此空拋物資成爲救災很重要的任務。因此我們將降落傘改爲空拋物，使得符合 STEM 的議題。

接著，我們要思考如何營造兩難的情境，一般空拋物如果只是空拋食物或是衣物並沒有太大的挑戰，因此我們設計空拋「發電機」，因爲發電機是易碎的物品，在設計上比較有挑戰。接著要求學生的空拋物要降落在特定的區域，以及空拋物要快速的降落。在這些任務中，快速降落、易碎物品、降落在特定地點，這些要求彼此產生衝突，使得學生在規劃設計時面臨兩難的考驗。最後是加入經費的限制性，學生需要在特定的經費要求

下完成任務。教師需要將所有的材料加上價格的標示，讓學生能學習精打細算。而在易碎物品的部分，教師可使用雞蛋、嫩豆腐等物品，模擬發電機的易碎性。

找出 STEM 的議題，以及營造兩難情境後，將原先的探究教案加入蒐集資料以及規劃設計的部分，這是 STEM 的設計歷程強調的重點。在設計圖的部分，可幫助學生能清楚的思考整個探究活動的設計，以及如何製作成品的流程（類比於探究的歷程），小組學生開始動手操作，這部分即為設計探究的過程。在設計時仍然保留實驗組與對照組，使得探究的精神能融入，也在學習單上呈現。之後進行世界咖啡館，使得學生能走訪各組，學習其他組的設計理念，再修改自己小組的設計。在製作空拋物時，學生需要依據自己小組的設計圖製作空拋物，也需要考量經費上的使用會不會超出預算。

在測試空拋物時，科學探究的嚴謹性、精確性以及紀錄數據就扮演重要的角色，而原先探究教案在此部分的設計就可加以保留。在動手操作成品後，需要進行成品的測試，此時資料蒐集時要求的精確度就須融入。例如：從哪個高度落下空拋物，落下的時間多少秒，如何精確地測試，另外要測試多少次才能提供具有說服力的證據。在成品展示時提供給全班同學，說服他們相信自己小組的宣稱。

如果學生在教室內測試，則教師可準備呼拉圈或是繩子，讓學生在200 公分的高度降落空拋物，且空拋物能降落在呼拉圈或是繩子圍繞的範圍內（代表物資須投遞在特定的範圍內）。如果是戶外，則在空地上圈一塊面積，讓學生自三樓或四樓的高度下降空拋物，檢核下降的時間以及是否落入指定的範圍內。指定的範圍表示空拋物降落到需要救助的村莊內。

最後教師讓各組的成果展現在黑板上，下降時間、成本、空拋物是否破裂，這三項結果。在進行成果的展示與溝通表達時，小組同學學習到需要提供客觀的，具有說服力的證據給全班同學，說服全班同學相信本組所製作出的成品具有可以信賴的資料提供測試佐證。最後教師可讓全班進行票選，每人兩票，選擇最佳的空拋物進行公司量產的主要成品。在結語處

教師可說明整個 STEM 活動的目的是訓練學生哪一些能力，也可教導學生重要的相關學科知識。

　　透過上述的策略，以及學習單的製作，能將探究教案轉化為 STEM 教學，並能保有探究與 STEM 的雙重特色（請參見章末教案範例）。

結語

　　本章主要的目的是幫助教師們，如何將過去所設計的探究教案，透過 STEM 教案設計的步驟，轉化為 STEM 的教案。在轉化的過程中，社會議題的營造、兩難的情境、成本考量、限制性與工程設計歷程是轉換的過程中需要考量的部分。當然不是所有的探究教案均能轉化為 STEM 教案，教師可用智慧與經驗進行判斷，何種探究教案可轉換為 STEM 教學活動。教師們也可比較降落傘與空拋物兩份教案的差別，細細品味兩種教案所呈現的內涵之異同處。

空拋物教案範例

一、活動設計

領域／科目	自然科學領域／理化	設計者	王馨慧修改自郭彥叡降落傘教案
實施對象	九年級學生	總節數	共 4 節課（200 分鐘）
實施時機	學完國中三年級力與運動單元中的牛頓運動定律章節	單元名稱	空拋物
實驗器材	PPT、學習單、雞蛋、剪刀、尺、膠帶、夾鏈袋（裝嫩豆腐）、小號垃圾袋、12 吋氣球、3 吋氣球、毛線、麻繩、軟塑膠杯、硬塑膠杯、細塑膠吸管、細砂石、彩色小石頭。		

	學習目標		
認知方面	1. 自 Eb-IV-3 平衡的物體所受合力為零且合力矩為零。 2. 自 Eb-IV-10 物體不受力時，會保持原有的運動狀態。 3. 自 Eb-IV-11 物體做加速度運動時，必受力。以相同的力量作用相同的時間，則質量越小的物體其受力後造成的速度改變越大。 4. 自 Kb-IV-2 帶質量的兩物體之間有重力，如萬有引力，此力大小與兩物體各自的質量成正比、與物體間距離的平方成反比。		
技能方面	1. 設 s-IV-1 能將心中空拋物的設計圖，以平面或立體設計圖的方式呈現出來。 2. 設 s-IV-2 能運用基本工具進行材料處理與組裝空拋物。 3. 設 c-IV-1 能運用設計流程，實際設計並製作空拋物以解決問題。 4. 設 c-V-1 能運用工程設計流程，規劃、分析並執行專案計畫以解決問題。 5. pe-IV-1 能夠根據提出的假設進行實驗的設計，清楚的說明實驗的步驟，以及實驗的操作變因、應變變因，並在設計過程中進行測試，以達到實驗的可信度。 6. pc-IV-1 能夠根據實驗的結果討論並推測出哪種成品的效果能夠達到預期，若沒有達到預期，也能提出改善的方向，以便在未來能夠更加符合。		
情意方面	1. ah-IV-2 應用所學到的科學知識與科學探究方法，幫助自己做出最佳的決定。 2. ai-IV-1 透過動手實作解決問題或驗證自己想法，從中獲得實驗成功的成就感。 3. ai-IV-2 透過活動中與同儕討論實驗的想法，共同分享科學發現的樂趣。 4. 科 J-A1 具備良好的科技態度，並能應用科技知能，以啟發自我潛能。 5. 設 c-IV-3 與他人分享設計理念，從中獲得到與人溝通、協調、合作的能力。 6. 設 c-IV-2 能在實作活動中展現創新思考的能力。		
參考資料	1. 郭彥叡──降落傘教案。 2. 蔡依帆、吳心昀 STEM 整合教學活動──空投救援物資。		

二、評量方式

學生表現	評量方式	評量
學生能找到重要變因設計其探究的假設。	學習單	A. 能找到變因從中提出實驗假設。 B. 不清楚變因有哪些但能提出實驗假設。 C. 不清楚變因有哪些但提出的實驗假設與空拋物無關。
學生能找到重要變因設計實驗中的實驗組和對照組。	學習單	A. 知道影響多個的變因，並設計出實驗組和對照組。 B. 知道影響一個變因，只設計出實驗組和對照組。 C. 知道影響的變因，無法設計出實驗組和對照組。 D. 不清楚影響的變因，也無法設計出實驗組和對照組。
學生能在規劃過程中了解「終端速度」的知識並用運在空拋物上。	活動中實作環節	A. 能了解並應用終端速度的相關概念。 B. 能了解終端速度以及影響降落時間的因素。 C. 能部分知道影響空拋物降落的因素。
學生能在規劃過程中了解「緩衝」的知識並運用在空拋物上。	活動中實作環節	A. 能了解並應用緩衝的相關概念。 B. 能了解緩衝以及哪些材料能增加緩衝。 C. 能了解緩衝但不清楚該如何增加緩衝。
學生藉由不同材質的特性取用器材。	活動中實作環節	A. 能取用合理素材並解釋理由。 B. 能取用合理素材並解釋部分理由。 C. 能取用合理素材但不會解釋理由。 D. 不能取用合理素材且不會解釋理由。
學生能夠利用器材加工。	活動中實作環節	A. 能依材料正確選擇手工具及熟練其操作方式。 B. 能依材料正確選擇及安全操作手工具。 C. 能依材料適當選擇及安全操作手工具。 D. 僅能依材料選擇及操作部分的手工具。

學生能夠從測試中了解到該如何修改。	學習單	A.能知道需要修改的地方及運用現有材料能夠順利解決問題。 B.能知道需要修改的地方但無法順利地解決問題。 C.不清楚要修改的地方但是願意嘗試解決問題。 D.不清楚要修改的地方也不願意嘗試解決問題。
學生將實驗結果記錄下來，並能夠說出：根據實驗結果得知……，並說出其可能原因。	上台發表、世界咖啡館	A.學生清楚了解實驗過程，將實驗結果統整之後，能夠清楚的呈現出來，並且能夠有根據的說出推測其影響原因。 B.學生清楚了解實驗過程，將實驗結果統整之後，能夠清楚的呈現出來，但不太清楚了解其影響原因。 C.學生清楚了解實驗過程，將實驗結果統整，但學生呈現得不太完整。 D.學生無法了解實驗的過程，且不知如何進行說明實驗結果。

三、活動流程

時間	教師教學活動	學生教學活動	所需材料
課前準備			1. 小組選擇材料：小號垃圾袋、12吋氣球、3吋氣球、毛線（1m）、棉繩（1m）、軟塑膠杯、硬塑膠杯細吸管（5根）、細砂石（15g）、彩色小石子（15g）。

		2. 各組基本材料：剪刀、膠帶、雞蛋、夾鏈袋（裝嫩豆腐）、尺。
5	引起動機，並說明限制： 1. 引起動機：以空投救災資源的圖片，介紹空拋物的歷史。 2. 說明限制： 　(1) 目的：空拋物能準確並快速的降落到目的地並能夠保護空投物資。 　(2) 模擬的高度：站在椅子上（約 100 公分）。 　(3) 模擬空投的物資：一盒嫩豆腐。 　(4) 材料：小組選擇材料、各組基本材料。	學生聆聽教師的說明，並在心中思考該如何進行，也可以開始與小組稍作討論，尋求共識。	PPT（2-6 頁）
10	小組討論思考製作空拋物的「任務一」需求，並提出影響空拋物需求的假設，依照提出的假設變因進行規劃設計空拋物（操作變因、控制變因、應變變因）。	**小組討論** 1. 各組思考並討論製作空拋物的需求，並觀察有哪些材料能夠達到所要的目標。 2. 小組討論提出影響空拋物降落的變因，因而提出實驗的假設。	PPT、學習單（編號 1）
15	依照空拋物研究假設，繪製出實驗組和對照組的設計圖，鼓勵學生在繪製設計圖時將設計細節繪製出來，描繪得越詳細越好（包含尺寸、使用材料、堆疊方式）。	**各組繪製設計圖** 1. 小組依照提出的假設繪製空拋物實驗組和對照組的圖。 2. 請同學在繪製的過程中不斷去思考如何符合標準。	PPT、學習單（編號 2）

10	教師說明並引導學生待會進行世界咖啡館的分享活動：一組中有四位同學，其中兩位同學在原小組進行講解，剩下兩位同學分開至其他組參觀其他人的想法，稱為一輪的世界咖啡館分享。每輪跑台活動進行 5 分鐘分享，進行兩輪世界咖啡館活動。	**各組分享自己的設計圖** 利用世界咖啡館的方式，一組中一位同學留下來講解自己組的設計圖分享給其他人聽，剩下的同學到別組吸收其他人的想法，並儘量給予他人建議，將蒐集到的資料記錄在學習單的編號 3 中。	PPT、學習單（編號 3）
5	教師引導各組回到小組分享，學生經過世界咖啡館活動獲得不一樣的想法，之後可以透過與原小組討論來改進小組的作品。	**回到原小組討論** 各組回到小組進行討論別組的想法是否可以運用在自己組別上，記錄在學習單的編號 3 中。	PPT、學習單（編號 3）
20	教師協助各組學生進行實作評量方式。完成設計圖的步驟後，接下來就要動手開始製作空拋物了，請小組內討論需要什麼材料記錄在學習單的編號 4 中，討論好就可以帶著學習單到前面拿材料了，注意各組只有 100 元可以使用。	**實作** 小組們利用現有的材料，並思考和安排該如何運用有限的材料製作空拋物。	小組選擇材料和各組使用材料、PPT、學習單（編號 4）
10		**測試** 1. 學生利用嫩豆腐來測試空拋物看是否有達到保護的作用。 2. 各組在教室站至椅子上方進行測試各組的空拋物是否能達到保護作用，將測試結果記錄在學習單的編號 5。	各組的空拋物（編號 5）

10	以降落傘的例子講解終端速度。	**學習終端速度** 學生根據先備知識牛頓運動定律，來了解終端速度中影響物體降落的因素，進而改進之後的空拋物的製作。	學習單（降落傘教案之補充資料）
5	激發學生思考並在小組內討論該如何修改才能做到最佳的空拋物裝置。	**小組討論** 小組討論測試的結果，並思考該如何將作品做得更精緻，將討論的結果記錄在學習單的編號 6 中。	學習單 （編號 6）
10	小組查閱、思考與討論製作空拋物「任務二」的需求，並提出影響空拋物需求的假設，依照提出的假設與各種變因進行規劃設計空拋物（操作變因、控制變因、應變變因）。	**查閱、思考與小組討論** 1. 各組思考並討論製作空拋物的需求，並觀察有哪些材料能夠達到所要的目標。 2. 小組討論提出影響空拋物降落的變因，因而提出實驗的假設，將討論結果記錄在學習單的編號 7。	學習單 （編號 7）
15	鼓勵學生利用上次活動學到的知識，再次繪製設計圖，將設計細節繪製出來，描繪得越詳細越好（包含尺寸、使用材料、堆疊方式）。	**各組繪製新的設計圖** 1. 詳細描繪設計圖至學習單的編號 8。 2. 請同學在繪製的過程中不斷去思考如何符合標準。	學習單 （編號 8）
10	教師說明並引導學生待會進行第二次世界咖啡館分享活動：一組中有四位同學，其中兩位同學在原小組進行講解，剩下兩位同學分開至其他組參觀他人的想法，稱為一輪的世界咖啡館分享，進行兩輪世界咖啡館活動。	**各組分享自己設計圖** 利用第二次的世界咖啡館方式，一組中一位同學留下來講解自己組的設計圖分享給其他人聽，剩下的同學到別組吸收其他人的想法，並儘量給予他人建議，將蒐集到的資料記錄在學習單的編號 9 中。	學習單 （編號 9）

5	教師引導各組回到小組分享，學生經過世界咖啡館活動獲得不一樣的想法，之後可以透過與原小組討論來改進小組的作品。	**回到原小組討論** 各組回到原小組進行討論別組的想法是否可以運用在自己組別上，記錄在學習單的編號 10 中。	學習單 （編號 10）
20	教師協助各組學生進行實作評量方式。各組完成設計圖的步驟後，接下來就要動手開始製作空拋物。請小組內討論需要什麼材料記錄在學習單的編號 11 中，注意各組只有 100 元可以使用。討論好就可以帶著學習單到前面拿材料了。	**實作** 小組製作新的空拋物，學生在過程中思考是否有依照前面提到的知識進行修改得更好，並能綜合任務一的經驗重新設計。	小組選擇材料和各組使用材料、學習單（編號 11）
10		**測試** 各組在教室內 200 公分高處，測試各組製作的空拋物是否能達到保護作用，並且準確的降落在圈列的地面。	各組的空拋物、學習單（編號 12）
45	教師請各組行銷自己小組空拋物，每一組報告 3 分鐘。	**展示各組的作品** 各組分享設計理念、費用以及是否達成任務。	學習單 （編號 13）
回家作業	教師帶領學生思考測試的結果，思考第二次的活動所設計的空拋物是否有改進，並反思下一次所需要改進的地方。推測空拋物降落所影響的因素有哪些，並反思經過任務一及任務二的活動心得及獲得的學科知識。	**小組討論** 小組討論測試的結果，並思考與第一次製作的作品進行比較，回答學習單中編號 14 的問題。	學習單 （編號 14）

空拋物學習單

姓名：＿＿＿＿＿＿組別：＿＿＿＿＿＿

1. 蒐集資料（可以參考使用電子產品）

• 我查詢了什麼資料？了解到所查詢資料內容與任務一的相關性，並註明或連結網站來源及出處。

＿＿＿＿＿＿＿＿＿＿＿＿＿＿＿＿＿＿＿＿＿＿＿＿＿＿＿＿＿＿＿＿＿＿＿＿

＿＿＿＿＿＿＿＿＿＿＿＿＿＿＿＿＿＿＿＿＿＿＿＿＿＿＿＿＿＿＿＿＿＿＿＿

＿＿＿＿＿＿＿＿＿＿＿＿＿＿＿＿＿＿＿＿＿＿＿＿＿＿＿＿＿＿＿＿＿＿＿＿

• 確認問題 1-1：請你在確認要達成的目標後，分析影響保護空投物資完好不被破壞的因素有哪些？（至少寫出二個影響因素）

＿＿＿＿＿＿＿＿＿＿＿＿＿＿＿＿＿＿＿＿＿＿＿＿＿＿＿＿＿＿＿＿＿＿＿＿

＿＿＿＿＿＿＿＿＿＿＿＿＿＿＿＿＿＿＿＿＿＿＿＿＿＿＿＿＿＿＿＿＿＿＿＿

• 蒐集資料、發展可能解決方案 1-2：請蒐集相關資料後，根據查閱的資料，設計出三個可能達成任務的解決方案？

方案一：

＿＿＿＿＿＿＿＿＿＿＿＿＿＿＿＿＿＿＿＿＿＿＿＿＿＿＿＿＿＿＿＿＿＿＿＿

＿＿＿＿＿＿＿＿＿＿＿＿＿＿＿＿＿＿＿＿＿＿＿＿＿＿＿＿＿＿＿＿＿＿＿＿

＿＿＿＿＿＿＿＿＿＿＿＿＿＿＿＿＿＿＿＿＿＿＿＿＿＿＿＿＿＿＿＿＿＿＿＿

方案二：

＿＿＿＿＿＿＿＿＿＿＿＿＿＿＿＿＿＿＿＿＿＿＿＿＿＿＿＿＿＿＿＿＿＿＿＿

＿＿＿＿＿＿＿＿＿＿＿＿＿＿＿＿＿＿＿＿＿＿＿＿＿＿＿＿＿＿＿＿＿＿＿＿

＿＿＿＿＿＿＿＿＿＿＿＿＿＿＿＿＿＿＿＿＿＿＿＿＿＿＿＿＿＿＿＿＿＿＿＿

方案三：

＿＿＿＿＿＿＿＿＿＿＿＿＿＿＿＿＿＿＿＿＿＿＿＿＿＿＿＿＿＿＿＿＿＿＿＿

＿＿＿＿＿＿＿＿＿＿＿＿＿＿＿＿＿＿＿＿＿＿＿＿＿＿＿＿＿＿＿＿＿＿＿＿

＿＿＿＿＿＿＿＿＿＿＿＿＿＿＿＿＿＿＿＿＿＿＿＿＿＿＿＿＿＿＿＿＿＿＿＿

• 最後，我決定選擇哪一個方案進行探究？所以，我的假設為何？

_____

_____

_____

• 我要如何設計我的探究實驗來驗證我的假設？

變因	
控制變因	
操作變因	
應變變因	

【控制變因】在實驗過程中，會影響實驗結果的，我們將它保持固定不變的實驗因素。
【操作變因】實驗中，依據實驗需要而設定為可以調整或比較的條件。
【應變變因】即實驗的結果。

2. 繪製設計圖
• 請在下方畫出你的設計圖，並包含尺寸、使用材料、堆疊方式。

實驗組材料：
實驗組設計圖：

說明：_____

對照組材料：
對照組設計圖：

說明：＿＿＿＿＿＿＿＿＿＿＿＿＿＿＿＿＿＿＿＿＿＿＿＿＿＿＿＿＿＿＿＿＿

＿＿＿＿＿＿＿＿＿＿＿＿＿＿＿＿＿＿＿＿＿＿＿＿＿＿＿＿＿＿＿＿＿＿＿＿＿＿

3. 世界咖啡館

• 講解者紀錄

對我們結構的建議	對我們設計圖的建議

• 參觀者紀錄

第＿＿＿組結構的優點	第＿＿＿組設計圖的優點

• 根據別組給的建議或者參觀者到別組欣賞，會想增加哪一些東西？並說明為什麼要修改？（若無修改的地方也請說明為何不需要修改）

＿＿＿＿＿＿＿＿＿＿＿＿＿＿＿＿＿＿＿＿＿＿＿＿＿＿＿＿＿＿＿＿＿＿＿

＿＿＿＿＿＿＿＿＿＿＿＿＿＿＿＿＿＿＿＿＿＿＿＿＿＿＿＿＿＿＿＿＿＿＿

＿＿＿＿＿＿＿＿＿＿＿＿＿＿＿＿＿＿＿＿＿＿＿＿＿＿＿＿＿＿＿＿＿＿＿

4. 製作空拋物
• 需要選擇哪些材料（$100 爲上限）

價錢	商品		
$15	□小號塑膠袋	□粉紅硬塑膠杯	□透明軟塑膠杯
$10	□麻繩（1m） □細吸管（5 根）	□紅棉繩（1m） □大氣球	□小石子（30g） □小氣球（2 個）

• 各組是否有基本材料
　□剪刀　□膠帶　□嫩豆腐　□夾鏈袋（裝嫩豆腐）　□尺
　請列出花費成本：＿＿＿＿＿＿＿＿元

5. 測試
• 要如何地蒐集與記錄（請將測試的結果記錄下來，至少測試三次，且實驗組與對照組各三次）。

實驗組：

對照組：

6. 問題與討論
• 從獲得到的數據中，我可以知道……

＿＿＿＿＿＿＿＿＿＿＿＿＿＿＿＿＿＿＿＿＿＿＿＿＿＿＿＿＿

＿＿＿＿＿＿＿＿＿＿＿＿＿＿＿＿＿＿＿＿＿＿＿＿＿＿＿＿＿

＿＿＿＿＿＿＿＿＿＿＿＿＿＿＿＿＿＿＿＿＿＿＿＿＿＿＿＿＿

- 我們這組在測試的時候遇到什麼困難？

_____

_____

_____

- 請說明上述的實驗結果是否有符合假設，並請加以論證說明。

_____

_____

_____

- 在進行修改的時候，我們會想要修改哪些地方？該如何修改？

_____

_____

_____

【任務二】空拋物能快速準確地降落，並能夠達到保護作用

7. 蒐集資料（可以參考使用電子產品）

- 我查詢了什麼資料？了解到所查詢資料內容與任務二的相關性，並註明或連結網站來源及出處。

_____

_____

_____

- 確認問題 7-1：請你在確認要達成的目標後，分析影響空拋物降落速度的因素有哪些？（至少寫出三個影響因素）

_____

_____

_____

- 蒐集資料、發展可能解決方案 7-2：請蒐集相關資料後，根據查閱的資料，設計出三個可能達成任務的解決方案？

方案一 :

_____

_____

_____

方案二 :

_____

_____

_____

方案三 :

_____

_____

_____

• 最後，我決定選擇哪一個方案進行探究？所以，我的假設爲何？

_____

_____

_____

• 我要如何設計我的探究實驗來驗證我的假設？

變因	
控制變因	
操作變因	
應變變因	

【控制變因】在實驗過程中，會影響實驗結果的，我們將它保持固定不變的實驗因素。

【操作變因】實驗中，依據實驗需要而設定為可以調整或比較的條件。

【應變變因】即實驗的結果。

8. 繪製設計圖

請在下方畫出你的設計圖，並包含尺寸、使用材料、堆疊方式。

實驗組材料：
實驗組設計圖：

說明：_____

_____

對照組材料：
對照組設計圖：

說明：_____

_____

9. 世界咖啡館

• 講解者紀錄

對我們結構的建議	對我們設計圖的建議

• 參觀者紀錄

第　　組結構的優點	第　　組設計圖的優點

10. 小組分享

• 根據別組給的建議或者參觀者到別組欣賞，會想增加哪一些東西？並說明為什麼要修改？（若無修改的地方也請說明為何不需要修改）

_____

_____

11. 製作空拋物

• 需要選擇哪些材料（$100 為上限）

價錢	商品		
$15	☐小號塑膠袋	☐粉紅硬塑膠杯	☐透明軟塑膠杯
$10	☐麻繩（1m） ☐細吸管（5 根）	☐紅棉繩（1m） ☐大氣球	☐小石子（30g） ☐小氣球（2 個）

• 各組是否有基本材料

☐剪刀　☐膠帶　☐雞蛋　☐夾鏈袋（裝雞蛋）　☐尺

請列出花費成本：＿＿＿＿＿＿＿＿＿＿元

12. 測試

• 要如何地蒐集與記錄（請將測試的結果記錄下來，至少測試三次，且實驗組與對照組各三次）。

實驗組：
對照組：

13. 行銷推銷

• 某廠商對於大家製作出的空拋物很有興趣，請你用一段話來說明你們的空拋物的特色與設計理念是否達到任務目標。

_____

_____

_____

14. 問題與討論

• 從獲得的數據中，我可以知道……

_____

_____

_____

• 請說明上述的實驗結果是否有符合假設，並請加以論證說明。

_____

_____

_____

• 你對自己小組的設計以及實驗結果有何感想？

_____

_____

_____

- 未來要如何改良？

  _____

  _____

  _____

- 從這項活動中了解到什麼？

  _____

  _____

  _____

第十一章

結語

　　本書的標題是從探究到 STEM 之素養導向教學設計，主要的目的是幫助教師們理解時代的巨輪不停的轉動，科技改變社會，社會的改變使得各國領導者、科學教育學者與課程專家思考未來的公民（亦即我們現在教的學生）需要具備哪一些科學素養，幫助他們在未來的生活與工作中能運用得宜。國際上對科學素養的內涵改變，以及國內的 108 新課綱所強調的科學素養，是科學教育學者專家與教師們需要重視的目標。教師們須體認科學教學不是一陳不變的，我們所處的科技環境、世界的思潮一直推動著教師們的教學不斷進行改變。

　　當教師理解到科學探究課程的演變，由重視實驗，到生活中的探究，到解決生活中所面臨的科技議題或環境議題時，教師們方能明瞭為何探究教學、STEM 教學扮演非常重要的角色。因為這些教學能提升學生的學習表現以及科學素養，而這些素養是學生離開學校後能帶著走的能力。

　　本書的撰寫強調教師思辨能力的重要性，當教師真正的明白探究教學與 STEM 教學的特質，且不斷地反覆思考，就能在腦海中建構穩固的心智基模。而透過這些教學特色的理解與應用，能分辨所接受到的各種資訊，是否符合探究教學或是 STEM 教學的特色。例如：當教師們需要提供其他教師探究、STEM 教學或是教案設計的評論時，能給出關鍵的建議讓其他教師改進其教學。也能在進行探究或是 STEM 教案設計時，知道如何地布局，掌握重點，進行規劃設計，以至於能有效地設計出探究教案與 STEM 教案。當教師們有分辨能力時，就不會一直疲於奔命，應付教學中與行政上的各種要求，反而能依據探究教學與 STEM 教學的特色，順勢而為，走在時代潮流的前端，帶領同事們朝科學素養導向的教學目標快跑向前，向著標竿前進。

　　依據筆者多年的研究與教學的判斷，未來的教師需要不斷地蒐集生活中的素材，編撰教案落實教學，這種的需求越來越迫切，因此教師們需要預備好以面對未來的挑戰。雖然 AI 能提供教師更便捷的教案設計或是評量設計的幫助，但是真正判斷 AI 所提供資訊是否妥適的關鍵人物仍是教師們。因此熟悉探究教學與 STEM 教學的精神，並能自己設計相關教案，

是很重要的教學能力。待教師的探究教案設計與 STEM 教案設計能力熟練後，再使用 AI 的協助，就能達到游刃有餘的喜悅。

　　本書是透過筆者自身的教學與研究經驗，撰寫教案設計的步驟、教學上要注意的重點，以及 STEM 如何融入探究，探究教案如何轉化為 STEM 的教學與教案設計的具體範例說明。期盼教師們在閱讀此書時，能多讀幾遍，細細的品味筆者與研究團隊的思考歷程。當教師們體悟到我們如何思考與研發設計探究教案及 STEM 教案時，教師們日後將能更輕易的設計這些教案，且享受教案設計所帶來的創意樂趣。

　　鼓勵教師們找一群不同科系的教師，一同設計跨領域探究教案及 STEM 教案，且彼此提供寶貴的意見，讓大家同心合一，一起成長。最後，教師們最大的喜樂泉源，應是自己所教的學生能具備紮實的科學素養，能穩健的邁向屬於他們的時代。

參考文獻

中文部分

王翠妃（2008）。**探究教學對國中資優學生創造力和科學推理之影響**。國立彰化師範大學科學教育研究所數理教學碩士班碩士論文。

甘漢銚、熊召弟、鍾聖校（1991）。**小學自然科教學研究**。師大書院。

佘曉清、林煥祥（2017）。**PISA 2015 臺灣學生的表現**。心理出版社。

周惠柔、林弘昌（2018）。應用虛擬實境與輔助學習軟體於高中橋樑結構設計概念之學習成效。**科技與人力教育季刊，4**(4)，34-66。

林英杰、李文瑜、莊秋蘭（2022）。系統思考能力的分析架構、評量與教學：K-12 科學教育相關實徵性研究之文獻回顧。**師資培育與教師專業發展期刊，15**(1)，57-90。

邱美虹、劉俊庚（2008）。從科學學習的觀點探討模型與建模能力。**科學教育月刊，314**，2-20。

段曉林、林淑梤、靳知勤（2020）。**中學自然科學領域探究與實作教材教法**。教育部。

范斯淳、游光昭（2016）。科技教育融入 STEM 課程的核心價值與實踐。**教育科學研究期刊，61**(2)，153-183。

翁秀玉、段曉林（1997）。科學本質在科學教育上的啟示與作法。**科學教育月刊，210**，2-16。

教育部（2003）。**國民中小學九年一貫課程綱要——自然與生活科技學習領域**。臺北市：作者。

教育部（2018）。**十二年國民基本教育課程綱要——國民中小學暨普通型高級中等學校：自然科學領域**。作者。

陳龍安（2006）。**創造思考教學的理論與實際**（六版）。心理。

楊坤原、張賴妙理（2005）。問題本位學習的理論基礎與教學歷程。**中原學報，33**(2)，215-235。

葉欣誠（2017）。探討環境教育與永續發展教育的發展脈絡。**環境教育研究，13**(2)，67-109。

靳知勤、楊惟程、段曉林（2010）。引導式 Toulmin 論證模式對國小學童在科學讀寫表現上的影響。**科學教育學刊，18**(5)，443-467。

臺灣 PISA 國家研究中心（無日期）。PISA 2025 評量架構。檢索日期2024.03.19。https://cirn.moe.edu.tw/WebContent/index.aspx?sid=1224&mid=

16072

劉湘瑤（2024 年 3 月 14 日）。**科學本質、科學史及認識論**〔工作坊演講〕。
2030 科學教育新趨勢——培育探究與問題解決能力科學素養工作坊。臺北
市，臺灣。

劉湘瑤、張俊彥（2018）。論自然科學課程綱要中的「素養」內涵。**科學教育月
刊，413**，2-9。

蕭佳純（2019）。國內運用創造力教學模式對學生創造力影響之後設分析。**特殊
教育研究學刊，44**(3)，93-120。

謝州恩、劉湘瑤（2013）。省思九年一貫自然與生活科技課程綱要中的科學本質
內涵。**科學教育研究與發展季刊，9**(66)，53-76。

外文部分

American Association for the Advancement of Science (1989). *Project 2061-Science
for All Americans*. Washington: AAAS publication.

Barrows, H. S., & Tamblyn, R. M. (1980). *Problem-based learning: An approach to
medical education*. Springer Publishing Company.

Bayer Corporation (2014). The Bayer Facts of Science Education XVI: US STEM
Workforce Shortage–Myth or Reality? Fortune 1000 Talent Recruiters on the
Debate. *Journal of Science Education and Technology, 23*(5), 617-623. http://
www.jstor.org/stable/24019778

Bonnstetter, R. J. (1998). Inquiry: Learning from the past with an eye on the future.
The Electronic Journal for Research in Science & Mathematics Education.

Burke, B. N. (2014). The ITEEA 6E learning by DeSIGN™ model, maximizing
informed design and inquiry in the integrative STEM classroom. *Technology
and Engineering Teacher, 73*(6), 14-19.

Bybee, R. W., & Trowbridge, J. H. (1990). *Applying standards-based constructivism:
A two-step guide for motivating students*. Cambridge University Press.

Clark, C. M., & Peterson, P. L. (1986). Teachers' thought process. In M. Wittrock
(Ed.), *Handbook of research on teaching* (3rd ed.) (pp. 255-296). Macmillan.

Clarke, D., & Hollingsworth, H. (2002). Elaborating a model of teacher professional
growth. *Teaching and Teacher Education, 18*, 947-967.

Cunningham, C. M., Lachapelle, C. P., Brennan, R. T., Kelly, G. J., Tunis, C. S. A.,
& Gentry, C. A. (2020). The impact of engineering curriculum design principles
on elementary students' engineering and science learning. *Journal of Research*

in Science Teaching, 57, 423-453. https://doi.org/10.1002/tea.21601Draft%20 PISA%202015%20Science%20Framework%20.pdf

Dugger, W. E. (2010, January). Evolution of STEM in the United States. *Knowledge in Technology Education: Proceedings of the 6th Biennial International Conference on Technology Education: Volume One (TERC 2010)* (pp. 117-123). Griffith Institute for Educational Research.

English, L. D., King, D., & Smeed, J. (2017). Advancing integrated STEM learning through engineering design: Sixth-grade students' design and construction of earthquake resistant buildings. *The Journal of Educational Research, 110*(3), 255-271.

Feder, M., Pearson, G., & Katehi, L. (Eds.). (2009). *Engineering in K-12 education: Understanding the status and improving the prospects.* National Academies Press.

Gess-Newsome, J., Southerland, S. A., Johnston, A., & Woodbury, S. (2003). Educational reform, personal practical theories, and dissatisfaction: The anatomy of change in college science teaching. *American Educational Research Journal, 40*(3), 731-767.

Hogan, K., & Fisherkeller, J. (1999). Dialogue as data: Assessing students' scientific reasoning with interactive protocols. In J. J. Mintzes, J. D. Novak, & J. W. Wandersee (Eds.), *Assessing science understanding: A human constructivist view* (pp. 96-124). Academic Press.

Honey, M., Pearson, G., & Schweingruber, H. (2014). *STEM integration in K-12 education: Status, prospects, and an agenda for research.* National Academies Press.

Hu, W., & Adey, P. (2002). A scientific creativity test for secondary school students. *International Journal of Science Education, 24*(4), 389-403.

Land, M. H. (2013). Full STEAM ahead: The benefits of integrating the arts into STEM. *Procedia Computer Science, 20,* 547-552.

Lederman, N. G. (1999). The state of science education: Subject matter without context. *Electronic Journal of Science Education, 3*(2), 1-6.

Lederman, N. G., Abd-El-Khalick, F., Bell, R. L., & Schwartz, R. S. (2002). Views of nature of science questionnaire: Toward valid and meaningful assessment of learners' conceptions of nature of science. *Journal of Research in Science Teaching, 39*(6), 497-521.

McComas, W. F., & Olson, J. (1998). The nature of science in international science education standards documents. In W. F. McComas (Ed.), *The nature of science in science education: Rationales and strategies* (pp. 41-52). Kluwer Academic Publishers.

Moore, T. J., Glancy, A. W., Tank, K. M., Kersten, J. A., & Smith, K. A. (2014). A framework for quality K-12 engineering education: Research and development. *Journal of Pre-College Engineering Education Research, 4*(1), 1-13.

National Academy of Sciences (2014). *STEM integration in K-12 education: status, prospects, and an agenda for research.* Washington D.C: National Academies Press. https://doi.org/10.17226/18612

National Research Council (1996). *National Science Education Standards.* The National Academy of Science.

NGSS Lead States (2013). *Next Generation Science Standards: For states, by states.* Washington, National Academies Press.

OECD (2013). *PISA 2015 draft science framework.* https://www.oecd.org/pisa/pisaproducts/

OECD (2023). *PISA 2025 Science Framework (Draft).* Retrieved from https://pisa-framework.oecd.org/science-2025/assets/docs/PISA_2025_Science_Framework.pdf

President's Council of Advisors on Science and Technology (PCAST) (2012). *Engage to excel: Producing one million additional college graduates with degrees in science, technology, engineering, and mathematics.* Washington, DC: U.S. Government Office of Science and Technology.

Schwartz, R. S., Lederman, N. G., & Crawford, B. A. (2004). Developing views of nature of science in an authentic context: An explicit approach to bridging the gap between nature of science and scientific inquiry. *Science Teacher Education, 88*(4), 610-645.

Smith, K. (1988). The nature and development of engineering expertise. *European Journal of Engineering Education, 13*(3), 317-330.

Toulmin, S. (1985). Conceptual revolutions in science. *A portrait of twenty-five years: Boston colloquium for the philosophy of science 1960-1985* (pp. 58-74). Springer Netherlands.

UNESCO (2017). Education for sustainable development goals. Retrieved from http://unesdoc.unesco.org/images/0024/002474/247444e.pdf

White, R., & Gunstone, R. F. (1992). Prediction-Observation-Explanation. In R. White, & R. Gunstone (Eds)., *Probing Understanding* (pp. 44-64). The Falmer Press.

國家圖書館出版品預行編目(CIP)資料

從探究到STEM之素養導向教學設計／段曉林
著. -- 初版. -- 臺北市：五南圖書出版股
份有限公司, 2024.08
面； 公分
ISBN 978-626-393-550-1(平裝)

1.CST: 科學　2.CST: 教學研究
3.CST: 教學設計　4.CST: 教學法

521.4　　　　　　　113010181

1187

從探究到STEM之素養導向
教學設計

作　　者 ─ 段曉林

企劃主編 ─ 黃文瓊

責任編輯 ─ 黃淑真、李敏華

文字校對 ─ 黃淑真

封面設計 ─ 姚孝慈

出 版 者 ─ 五南圖書出版股份有限公司

發 行 人 ─ 楊榮川

總 經 理 ─ 楊士清

總 編 輯 ─ 楊秀麗

地　　址：106臺北市大安區和平東路二段339號4樓

電　　話：(02)2705-5066

網　　址：https://www.wunan.com.tw

電子郵件：wunan@wunan.com.tw

劃撥帳號：01068953

戶　　名：五南圖書出版股份有限公司

法律顧問　林勝安律師

出版日期　2024年 8 月初版一刷

定　　價　新臺幣350元

經典永恆・名著常在

五十週年的獻禮——經典名著文庫

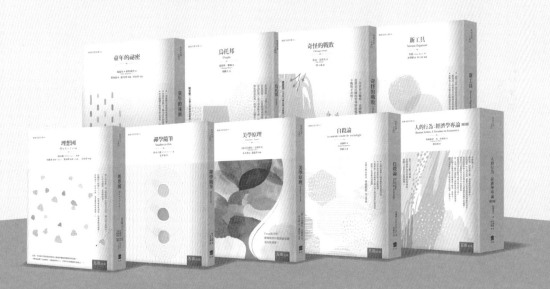

五南，五十年了，半個世紀，人生旅程的一大半，走過來了。

思索著，邁向百年的未來歷程，能為知識界、文化學術界作些什麼？

在速食文化的生態下，有什麼值得讓人雋永品味的？

歷代經典・當今名著，經過時間的洗禮，千錘百鍊，流傳至今，光芒耀人；

不僅使我們能領悟前人的智慧，同時也增深加廣我們思考的深度與視野。

我們決心投入巨資，有計畫的系統梳選，成立「經典名著文庫」，

希望收入古今中外思想性的、充滿睿智與獨見的經典、名著。

這是一項理想性的、永續性的巨大出版工程。

不在意讀者的眾寡，只考慮它的學術價值，力求完整展現先哲思想的軌跡；

為知識界開啟一片智慧之窗，營造一座百花綻放的世界文明公園，

任君遨遊、取菁吸蜜、嘉惠學子！